MONCHOISY

LA NOUVELLE

CYTHÈRE

PARIS
G. CHARPENTIER ET Cie, ÉDITEURS
11, RUE DE GRENELLE, 11
1888

LA

NOUVELLE CYTHÈRE

ASNIÈRES. — IMPRIMERIE LOUIS BOYER ET Cie

LA NOUVELLE CYTHÈRE

PAR

MONCHOISY

J'étais là, telle chose m'advint.

PARIS

G. CHARPENTIER ET Cie, ÉDITEURS

11, RUE DE GRENELLE, 11

—

1888

LA
NOUVELLE CYTHÈRE

A beau mentir qui vient de loin.

I

En route pour la Nouvelle Cythère. — A bord du Saint-Laurent. — La tempête, les icebergs et la brume. — Le pilote, rien de Fenimore Cooper. — Reminiscence de l'*Oncle Sam*. — La vérité sur New-York ou l'imposture démasquée. — A travers l'Amérique. — Les derniers des Mohicans. — San-Francisco.

C'est à Bougainville que Tahiti doit le surnom galant de Nouvelle Cythère, une épithète tout à fait dans le goût mythologique et licencieux du dix-huitième siècle. Depuis, la légende s'est encore embellie et poétisée, grâce à Pierre Loti. Il est vrai que l'on conserve dans la flotte le souvenir d'un Viaud très chaste, solitaire et rangé, réservé dans ses discours comme dans ses actions, et créant la Rarahu de son roman du chaos des conversations très libres du carré des officiers. Qu'importe ! Il n'est pas un échappé de l'École navale qui ne rêve de faire ce voyage que j'ai entrepris, pour ma part, sous le masque d'un sceptique, d'un Parisien quelque peu revenu des engouements de la vingtième année et légèrement enclin à prendre le contrepied des jolis contes de Pierre Loti.

Le plus court chemin de Paris à Tahiti est celui qui traverse l'Atlantique du Havre à New-York, l'Amérique de New-York à San-Francisco, et l'océan Pacifique de San-Francisco à Papeete. Le *Saint-Laurent*, qui m'a pris au Havre le 5 juin, a eu des aventures. La mer n'a pas toujours été très bonne et la maladresse d'un pilote nous a jetés sur un banc de sable, à l'entrée de la baie d'Hudson. Par ce temps de navigation rapide, on ne s'émeut guère, sur le boulevard, quand on apprend le départ ou l'arrivée d'un transatlantique. Et pourtant ces huit ou dix jours vécus entre le ciel et l'eau, dans ces hôtels flottants, sont féconds en événements et en impressions.

Il y a les passagers, d'abord. La société est

variée et un choix difficile à faire. Un général américain, un peu condottière, coudoie un aventurier allemand escorté d'une baronne suspecte. Une chanteuse légère, espagnole ou mexicaine, teinte en roux, s'affale près d'une blonde véritable, la charmante femme d'un fonctionnaire colonial français. Quelques négociants et commis-voyageurs, exportateurs de vins français et d'esprit de table d'hôte, honnêtes gens et bien doués, se montrent chauvins comme il convient . Un fils de famille grisonnant et mûr, réduit à la portion congrue par le jeu et les belles, croise sur le pont un autre échappé du boulevard qui voyage pour oublier des chagrins d'amour et de théâtre. Un abbé italien, un monsignor, curieux et indiscret comme une femme de chambre, converse et controverse avec un moine américain, en redingote longue et en chapeau de cuir bouilli. Un docteur en renom, à qui l'été fait des loisirs, pérégrine avec sa femme, une Russe très jolie et très française. A signaler encore une Américaine un peu garçonnière qui fait des cavaliers seuls, tire au mur, et s'adonne au champagne, à la théosophie et aux sciences occultes. Voilà pour les premières. L'avant est encombré d'émigrants, alsaciens ou italiens pour la plupart, ces derniers plus malpropres encore que mal vêtus. Ceux-ci font danser ceux-là aux sons nasillards d'un accordéon, et, du matin au soir, du même mouvement lourd et rythmé, les filles d'Alsace tournent, tournent. Allez, pauvres gens, vers cette terre lointaine où peut-être votre misère ne fera que changer de patrie !

On joue un whist à bon marché, un piquet plus innocent encore, et on lit un peu à bord. Alphonse Daudet tient la corde avec *Tartarin sur les Alpes*, puis viennent Maupassant, Zola, Stendhal, voire Amédée Achard. Il y a un piano que la mer a un peu éprouvé. Le soprano de la femme d'un agent dramatique se marie au ténor du commissaire, l'un et l'autre passablement enroués. Et vogue la nacelle !...

La société a beau être aimable sinon choisie, l'état-major plein de prévenances, la cuisine délicate et variée, on soupire après la terre ferme. On a pu abréger la distance, on n'a supprimé, hélas ! ni le mal de mer ni l'odieuse odeur de graillon de la machine. Les victimes endurent le martyre aux accords inégaux du piano qui malmène des airs d'opérette.

Entendue dans ces circonstances tragiques, l'éternelle et joyeuse *Mascotte* fait pleurer.

Le huitième jour, on aperçoit les icebergs, des banquises, en bon français. Il vente et il gèle sur le pont. Au loin, à la limite extrême de l'horizon, flottent de gigantesques édifices, des cathédrales et des palais de glace, tout blancs avec des reflets d'un bleu vague. Les bizarreries de leur architecture se détachent à merveille sur le fond clair du ciel et de la mer. L'imagination aidant, on en vient à se figurer qu'on a affaire à des débris de cités polaires, peuplées d'êtres fantastiques figés dans le froid comme dans la mort. D'où venez-vous, glaciers flottants que l'Océan entraîne au large ? Contez-nous vos voyages ? Dites-nous vos mystères ?... Bientôt on ne distingue plus que des formes transparentes en quelque sorte qui s'évanouissent insensiblement dans l'éther.

Voici le brouillard. A l'entrée de la baie d'Hudson, un pilote, je l'ai déjà dit, jette le *Saint-Laurent* sur le sable. La brume dissipée, le coup d'œil est magnifique. Dans ce large estuaire, le plus beau du monde, navigueraient à l'aise les flottes réunies de toutes les grandes puissances. Pour le moment, la baie est sillonnée de grands steamers et de bateaux de plaisance qui portent des sociétés voyageant en pique-nique. Un de ces bateaux fait songer au troisième acte de *l'Oncle Sam*. Une musique assourdissante couvre d'harmonie le bruit rythmé de la machine. Le lourd bâtiment s'approche de nous. Il a reconnu les couleurs françaises et l'orchestre joue la *Marseillaise*. Sur la dunette du *Saint-Laurent* on agite des mouchoirs et l'on déclame sur la fraternité des peuples. A la *Marseillaise* succède l'air national colombien.

On ne bouge toujours pas. Une demi-douzaine de remorqueurs s'offrent pour réparer la bévue du pilote. Le capitaine est furieux. Il improvise une manœuvre qui réussit. Le *Saint-Laurent* recouvre enfin la liberté de ses mouvements, et, vers sept heures du soir, il est à quai.

New-York, une belle ville ! C'est à croire que ceux qui ont dit cela n'ont jamais mis les pieds dans cette monstrueuse cité, ou qu'ils se sont donné le mot pour mystifier l'univers. C'est immense, démesuré, énorme, mais laid, difforme, triste, sale, puant. Des rues mal pavées, ravinées, boueuses même par le soleil, rhumatismales, catarrheuses, mortelles. Les tramways vous courent après, les chemins de fer vous roulent sur la tête. Le ciel garde Paris du métropolitain aérien ! Les passants vous bousculent et vous compriment. « Beware the pickpokets! » Il y a bien quelques larges avenues. Broadway, la rue centrale, est longue d'une lieue et plus, mais elle est trop encombrée tandis que la plupart des grandes voies sont désertes, pour ainsi dire. On cueille de la salade dans les squares.

Il n'y a ni édilité ni sûreté à New-York. D'impassibles policemen, nantis du bâton traditionnel, surveillent la circulation des voitures, mais laissent les boys jouer du revolver contre les portes : c'est leur façon de tirer les cordons de sonnette. Hier, au moment où le car (tramway) passait au coin de la 42ᵉ rue, trois boys lancent dans la voiture une ligne armée d'un hameçon ; cet engin accroche le portemonnaie qu'une jeune fille tout de blanc vêtue tenait à la main, dans une pose insignifiante et chaste, et les boys se sauvent à toutes jambes avec le produit de leur pêche.

Un joli trait de mœurs municipales. L'an passé il n'y avait point de tramway dans Broadway. La grande rue était trop étroite, disait-on, et trop fréquentée pour qu'on pût sans danger y placer des rails. Un dimanche matin, on trouva la chaussée remuée d'un bout à l'autre. En vertu du repos obligatoire, l'autorité qu'on avait à dessein négligé de consulter était sortie, rentrée plutôt. Le travail fut repris dans la nuit suivante, et, le lundi matin, le *car* glissait sur la voie ferrée. Procès contre l'audacieuse et trop inventive compagnie, procès et condamnation de certains édiles suspectés de complaisance intéressée ; mais le tramway roule toujours, et l'empressement des voyageurs ne permet guère de le supprimer.

Parlons de l'éclairage. Çà et là un jet de lumière électrique d'une blancheur aveuglante, puis des trous d'ombre semés de quelques becs de gaz dont la clarté jaune est insuffisante pour déchiffrer le numéro de la rue ou de l'avenue. Encore une invention de l'esprit yankee ! Nommer les rues, c'est, en dépit des fantaisies possibles du corps municipal, attacher à leur position topographique, une idée, un souvenir qui n'est pas d'un mince secours pour le promeneur ou l'homme d'affaires. Ici, on a numéroté les voies, et il faut du temps pour se familiariser avec cette arithmétique urbaine. Comme pour augmenter l'obscurité, les nègres, désireux de s'éviter les mépris des blancs libérateurs, ne sortent que le soleil couché, et leur affluence contribue à faire la nuit plus noire encore.

Au point de vue du théâtre, New-York est une forêt de Bondy où les auteurs dramatiques sont dévalisés en plein jour. C'est la terre d'élection des adaptateurs. On y joue l'*Auberge des Adrets* en opéra-comique, « *Serment d'amour* » y devient le « *Coq d'or* » et *Faust* est donné sans la musique.

Les décors sont généralement fort beaux, les costumes très riches, l'orchestre suffisant et les chanteurs médiocres. Les cafés-concerts ne manquent pas. On y chante faux dans toutes les langues. A signaler, à proximité du « *Central Park* », des auditions musicales qui rappellent les concerts Colonne ou Lamoureux, avec cette différence qu'on y boit, qu'on y fume, qu'on y parle, et que les appareils électriques font une sourdine bourdonnante et fatigante à la grande musique.

On fuit New-York le plus vite possible, on passe un bras de mer et l'on se jette dans un train qui vous transporte en vingt-quatre heures à Chicago. En cinq jours et six nuits on est à San-Francisco.

Oh! ces nuits de chemin de fer! Vers six heures, les banquettes se transforment en couchettes à deux étages. Passe encore de dormir au rez-de-chaussée de la maison roulante! Les locataires du premier ont fort à faire pour accomplir l'ascension nécessaire sans blesser la pudeur, pour concilier l'agilité et la décence. Avec cela toutes les couchettes se ressemblent, et les promeneurs nocturnes sont parfois très embarrassés pour retrouver leur gîte. Est-ce ici? Est-ce là? On soulève d'une main hésitante le rideau protecteur et l'on distingue vaguement les traits d'une aimable Américaine enlaidie par son bonnet de nuit et par le cauchemar peut-être.... Effrayé d'une pareille indiscrétion, on revient sur ses pas pour tomber sur un homme du Far-West qui ronfle avec un revolver sous son oreiller.

Le train traverse des fleuves, des cités, des plaines immenses, des vallées pittoresques et sauvages, côtoie des montagnes escarpées, mais il ne reste au voyageur ahuri et meurtri que le souvenir vague de tant de choses à peine aperçues dans une course rapide. Deux fois par jour, à des étapes fixées, l'on s'arrête, l'on mange à la hâte des mets dignes de la savane, et l'on repart en jetant quelques *cents* aux Indiens groupés aux abords des stations.

Il reste bien peu de traces de l'antiquité de leur race dans ces êtres sordidement vêtus qui ont remplacé les grandes chasses par la mendicité. Où sont *Bas-de-Cuir* et *Œil de Faucon* ? Civilisés et alcoolisés, leurs descendants tendent la main, et les *squaw*, leur enfant posé sur la hanche, grimacent un sourire pour avoir un demi-dollar. Ces ex-héros de romans sont bien laids. Aucune grâce chez les femmes, aucune noblesse chez les hommes. Point de flamme dans le regard de ceux qui furent les maîtres de ces vastes contrées. Sous ces jupons et ces vestes sales, ils ont l'air de vagabonds quelconques. Ils ne feraient pas recette à la fête de Neuilly.

San-Francisco plaît mieux que New-York au voyageur français. L'aspect général de la ville, les toilettes des femmes, les devantures des magasins, ont quelque chose de moins américain. On s'y habille avec plus de goût; on y montre plus de politesse. Dans beaucoup de petits détails on retrouve l'empreinte de la colonie française dont l'ancienne prééminence est encore attestée par quelques noms de rues. C'est ici qu'il fait bon entendre parler de la France : on n'y est point patriote à demi ! Les autographes de M. Thiers et de Gambetta y sont placés sous verre. Il faut rappeler que la souscription des Français de San-Francisco ne fut pas la moins grosse au lendemain de nos désastres.

Le tramway roule sans chevaux et sans vapeur, au moyen d'un système pareil à celui des ascenseurs. C'est un sujet d'étonnement pour les nouveaux venus que ces véhicules qui vont tout seuls, s'arrêtent et reprennent leur course d'une façon automatique en quelque sorte. On ne dit point « prendre le tramway » mais « prendre le câble », par allusion au mécanisme de cet engin de locomotion.

Autre sujet d'observation. Les sociétés de toutes sortes sont nombreuses en Amérique : à San-Francisco en particulier, elles pullulent. Loges maçonniques aux appellations orientales et symboliques, associations plus ou moins secrètes mais très décoratives, car on s'y affuble des oripeaux les plus dorés, comités infiniment variés, on a le choix. Voulez-vous être *Chevalier de Pythias* ou *Chevalier de la Légion d'honneur*, pour ne parler que des œuvres de bienfaisance ? Ou bien êtes-vous d'humeur à vous faire recevoir parmi les *Chevaliers du Travail*, les *Knigts of Labor*, qui jouent un rôle particulier dans les démêlés du travail avec le capital ? Il y a encore l'*Etoile Orientale*, les *Vieux Compagnons*, les *Hommes Rouges, les Druides*, les *Chevaliers et les Dames d'Honneur*, les *Fils de l'Ouest Doré*, les *Amis réunis du Pacifique*, etc. Maintenant, si vous désirez savoir quels titres modestes on se donne en pays démocratique, retenez la nomenclature suivante : Grand Dictateur, Grand Président, Grand Secrétaire, Suprême Représentant, Grand Sage, Grand Conseiller, Grands Officiers, etc. Quand on prend du galon on n'en saurait trop prendre. Là-dessus, relisez Tocqueville.

Comme nous étions à San-Francisco, on y célébrait l'arrivée des Vétérans de la Grande Armée de la République, *The grand Army Republic*. Il semble tout naturel aux Yankees de commémorer la guerre civile. Chaque année, ce qu'il reste de soldats et d'officiers de l'armée du Nord se donne rendez-vous dans telle ou telle cité. Des trains de plaisir sont organisés et les splendides hôtels américains réduisent leurs prix formidables. C'est en famille que cela se passe. Le vétéran se présente escorté de sa femme et de ses enfants. Tous arborent une médaille et des rubans et procèdent avec une gravité bien saxonne. Plus de cent mille personnes ont défilé sous un arc-de-triomphe monumental construit en quelques jours au centre de Market-Street, la principale rue de San-Francisco. Tout s'est bien passé. A l'an prochain !

II

De San-Francisco à Papeete. — Le père Tropique. — Aux Marquises. — La lèpre. — Au pays de la nacre et des perles.

La goëlette qui porte le courrier à Tahiti part de San-Francisco le premier de chaque mois. Le « *City of Papeete* » est un petit bateau assez élégant de forme et d'une voilure exceptionnelle, jaugeant six cents tonneaux. Il fait le voyage, aller et retour, avec la régularité d'un omnibus. Qu'on est loin du confortable des transatlantiques ! Par exemple, plus d'odeur de machine. On tangue et on roule indéfiniment, en cadence, et l'on va doucement, doucement. On met en moyenne trente jours à l'aller et trente-cinq jours au retour. Je conseille cette promenade aux gens de lettres et aux hommes politiques qui souffrent d'un excès de fatigue cérébrale. Il est difficile de trouver à qui parler à bord et les quelques romans emportés de France, ont été depuis longtemps dévorés, lus et relus. Peu ou point d'oiseaux de mer. Pas la moindre baleine ; le requin est rare si le marsouin est abondant. De péripéties, pas l'ombre ! on espère les alizés, les vents propices ; on redoute le *pot-au-noir*, vaste espace où il pleut sans cesse. Le soir, las de n'avoir rien fait, on écoute les chœurs des marins qui s'accompagnent d'un accordéon. Encore l'accordéon ! Ils chantent le *Navire qui n'est pas revenu*, et l'effet produit est curieux. Il s'établit comme une harmonie des choses entre la mer, le navire, les chanteurs, les passagers, la voix, la brise et la vague. Tout se fond dans un ensemble qui n'est pas sans beauté, au clair de la lune par une belle nuit étoilée, alors qu'apparaît enfin la Croix du Sud, une constellation de médiocre envergure à laquelle on a fait une réputation fort au-dessus de son mérite.

J'ai gardé le silence sur le passage de la Ligne, peut-être parce que le baptême traditionnel a été l'occasion d'une mauvaise plaisanterie dont j'ai été la victime. Ce rite est idiot pour ceux aux dépens de qui on le célèbre ; mais, à distance, je conviens qu'il peut être un divertissement pour les autres. Le père Tropique, Neptune et ses acolytes, sont des grimes amusants dont la défroque rend absolument méconnaissables les matelots du bord, et la pièce est jouée avec ce sérieux sans lequel il n'est point de comique vrai. Dois-je raconter mon initiation, reproduire les litanies du Père Tropique, avouer que l'on m'a barbouillé le visage de craie et rasé avec une lame de bois, confesser enfin que, dans un accès de mauvaise humeur, je me suis tout à fait refusé à plonger la tête dans un tonneau rempli d'eau de mer? Ma honte était grande et le souvenir m'en est amer.

Le vingt-neuvième jour, la terre est signalée. Cela fait plaisir. On est en vue de Nuka-Hiva, une île de l'archipel des Marquises. Des roches énormes se découpent sur le ciel avec des aspects de forteresses démantelées mais menaçantes encore. Le *City of Papeete* jette l'ancre dans la rade très belle de Taio-hae, et les passagers, avides de se retrouver à terre, se précipitent dans les canots mis à la mer. De loin nous avons aperçu, paissant, de beaux bœufs roux et blancs. De la viande fraîche! On s'explique la joie de l'ogre qui se nourrissait sans doute à l'ordinaire de salaisons, morue, saumon, bœuf salé ou en daube, et autres aliments *compulsoires de beuverie* mais détestables à la longue pour les estomacs les mieux portants. Avec la viande fraîche se montrent les fruits des tropiques. Je me réserve de dire ce que je pense de ces légumes déguisés quand je serai à Tahiti.

Admiré modérément les premiers cocotiers.

> Le cocotier, tête de loup immense,

dit un poëme maritime. Il y a tout au plus trois cents habitants à Taio-hae, plus un lieutetenant de vaisseau, administrateur de l'archipel, un gendarme, quatre soldats de l'infanterie de marine et un caporal, et un très vieil évêque dont la soutane râpée fait penser au dicton :

> *Au temps jadis, évêque d'or,*
> *Crosse de bois.*

Visité les curiosités de Taio-hae. Au bord de la mer se dresse une stèle de granit sans la moindre inscription. Les indigènes racontent que ce caillou rectangulaire a été apporté là par des fourmis.

— Mais, leur dit-on, comment pouvez-vous croire que des fourmis ont pu....?

— Il y en avait beaucoup, répondent-ils avec assurance.

Plus loin, voici une informe et monstrueuse idole de pierre, un bloc grossier où l'on distingue à grand'peine des yeux en trous de vrille, un nez camard, un rictus effrayant. C'est devant cette idole qu'il y a quelque trente ans furent massacrés deux artilleurs de la marine.

Brr!....

Dans le jardin de la Mission se voit encore un arbre célèbre, un banian dont Dumont d'Urville parle dans sa relation de voyage. Le banian est curieux ; de nombreuses branches redescendent vers le sol pour y prendre racine, ce qui donne au tronc des proportions énormes.

La race est admirable bien que l'alcool et l'opium aient déjà fait des ravages parmi les indigènes. Les traits sont réguliers, la stature élevée, le corps bien proportionné, le teint bistré. Les mœurs sont libres. Un grand point en discussion est celui de savoir si les Marquisiens pratiquent encore l'anthropophagie. Les missionnaires disent oui et les colons disent non.

Auxquels croire ? Il semble bien que, n'était la présence des gendarmes et des soldats de l'infanterie de marine, les Marquisiens se feraient la guerre non seulement d'île à île mais de baie à baie. En nul pays peut-être on ne trouve autant de vestiges de la vie sauvage. Ce sont les coiffures de guerre en forme de diadème, les casse-tête ou plutôt les massues, les barbes de vieillards réunies en pinceau, les chevelures ravies aux ennemis, les plumes de paille-en-queue, un oiseau des tropiques, plumes dont les femmes se servaient pour exciter au moyen de chatouillements répétés les hommes à la guerre et à l'amour ; les lourdes rondelles d'ivoire qu'elles se fichent dans l'oreille en guise de boucles, les bracelets de dents de marsouin, les colliers de fragments de tibias sculptés naïvement ; le tatouage qui, bien que défendu par l'autorité française, se pratique presque ostensiblement. Peut-on inférer de tout cela que les indigènes se mangent encore les uns les autres ? Je suis fort embarrassé pour répondre et je préfère m'en rapporter au docteur Long. Le docteur, médecin de première classe de la marine, me raconte que, dans l'une de ses tournées, il a passé la nuit sous le toit de pandanus où dormait une famille soupçonnée de s'être débarrassée d'un ennemi en le mangeant. Ce qu'il y a de certain, c'est que le malheureux a disparu l'an dernier. Le docteur a recueilli les confidences d'un cannibale repenti. Il paraît que le morceau le plus recherché sinon le plus délicat dans l'homme, c'est l'oreille. La chair humaine a un peu le goût de celle du porc. Oh! docteur!

Un vaillant homme, ce docteur. Toujours par monts et par vaux. Il a fait récemment une tournée dans les îles où se trouvent des lépreux. Il a examiné les pauvres diables, leur a laissé des médicaments, et s'en est revenu très ému avec un projet de léproserie qui ne sera pas réalisé de sitôt, hélas ! car en ce pays comme en beaucoup d'autres les excédents budgétaires se montrent rarement.

D'où vient la lèpre ? Comment naît-elle et se développe-t-elle ? Nulle question n'est plus controversée. On impute le mal au contact des Chinois mais, avant l'arrivée de ceux-ci, les indigènes étaient déjà sujets au *féfé*. Le *féfé*, c'est l'éléphantiasis, une maladie de la peau qui affecte les jambes tout d'abord et détermine une enflure énorme, au point de donner au membre atteint les dimensions d'un pied d'éléphant. Les uns assurent que l'abus de la viande de porc est pour quelque chose dans la lèpre ; d'autres prétendent que le *taro*, racine qui croît dans les marécages, pourrait bien en être rendu responsable. Il en est enfin qui affirment que l'habitude de marcher les pieds nus n'est pas étrangère au mal, et que c'est par la fiente et l'urine qu'il se communique. Car il n'est pas sûr encore que la lèpre soit contagieuse ou non. Il faut entendre les médecins là-dessus.

Toujours est-il que c'est un mal horrible. Le plus souvent c'est par le visage qu'il commence. Un simple bouton paraît à la joue, puis la face se gonfle. Aucun remède ne peut arrêter les effets du mystérieux poison. Le corps se couvre de plaques tandis que les mains se recroquevillent. La main en griffe est la première étape. L'ulcération ne vient qu'après. Alors l'être tout entier se dévore, les membres tombent pourris ; les yeux sortent de l'orbite, et la mort arrive enfin, lente, trop lente délivrance.

Que faire pour ces malheureux ? Le docteur Long parle de fonder une léproserie ; d'autres, moins humains, proposent de déporter les lépreux dans une île déserte, comme cela se fait aux *Sandwich*. Toujours est-il qu'avant d'ordonner le départ d'un malade on lui doit quelques soins. Mais, allez donc raisonner contre la peur, et qu'espérez-vous des hommes quand le sentiment de la conservation a parlé ?

Avant de regagner le bord je me fais montrer le fort Collet. Ce petit bâtiment est le dernier vestige de la transportation à Nuka-Hiva. Les vaincus de la guerre civile n'ont pas laissé de souvenirs et je ne trouve personne qui puisse me donner des renseignements sur eux. Pendant que l'Administrateur répond obligeamment à mes questions, mon imagination travaille. Nos aimables récidivistes seraient fort bien aux Marquises, trop bien même. La terre n'y manque pas, une terre fertile entre toutes. Par ce temps où la sollicitude publique s'exerce plus souvent au profit des vauriens que des honnêtes gens, on serait parfaitement capable d'envoyer ici Alphonse et Mélie pour y faire souche de mauvais bougres. Que l'on s'en garde ! La colonie n'en veut pas entendre parler, et elle a bien raison. Il faut publier partout que ce pays est sain, que l'Européen y peut vivre, s'acclimater en peu de temps, entreprendre des cultures productives. Quant aux récidivistes, qu'ils aillent se promener! Il n'est pas besoin d'eux pour favoriser le développement de la prostitution; elle se développe bien assez toute seule.

Nous nous retrouvons sur le pont du « *City of Papeete* ». La brise souffle et le léger navire court comme il ne l'a pas encore fait depuis notre départ de San-Francisco. On apprécie la viande fraîche emportée de Taio-hae et l'on se régale d'œufs à la coque. Avant de quitter la table, je dénonce au mépris public une sauce détestable, le *carry*. C'est une purée d'amande de coco, et de riz, verdâtre et nauséabonde, où il entre du safran, du vinaigre, je ne sais quoi encore. Il paraît que, dans l'Inde, le *carry* est savoureux, et qu'à Tahiti même on s'en lèche les doigts. L'essai forcé que j'en ai fait sur le bateau m'oblige à déclarer qu'entre beaucoup d'inventions culinaires celle du *carry* est la plus déplorable.

De nouveau la terre est signalée. Cette fois nous sommes en présence des Pomotu ou Tuamotu, un archipel dépendant, comme les îles Marquises, des Etablissements français en Océanie. Pomotu veut dire îles basses, îles soumises, îles de la nuit, quelque chose de désobligeant pour les indigènes; Tuamotu veut dire îles lointaines. Les cartes disent: Archipel dangereux, quelque chose de terrifiant pour les marins. Plus de roches granitiques aux aspects grandioses: on n'aperçoit que la cime des cocotiers, et, de loin, les îles semblent de vastes pelouses perdues au milieu de l'Océan. Une race robuste vit là. Des pêcheurs pour la plupart. Le sol est fait d'une mince couche de terre végétale qui repose sur des madrépores. Ces polypes se développant de la façon la plus irrégulière, tantôt une île émerge du sein de l'onde et tantôt une île s'affaisse et disparaît. Cette végétation sous-marine, minérale et vivante tout ensemble, enserre des portions de mer qui deviennent des lacs intérieurs ou lagons. C'est ici que la chose devient intéressante : dans ces lagons se pêchent les huîtres qui donnent la nacre industrielle, d'énormes bivalves dont la dimension peut atteindre trente centimètres, et d'autres huîtres plus petites qui donnent les perles.

L'eau est extrêmement limpide; on distingue très bien, à une certaine profondeur, les huîtres suspendues aux rameaux madréporiques comme des nids aux branches des arbres. Pour les aller chercher, les indigènes n'ont pas besoin de cloche ni de scaphandre. Ils plongent en retenant leur respiration tout simplement et peuvent rester ainsi une ou deux minutes sous l'eau. Hommes et femmes se livrent à ce pénible métier qui les expose plus aux dents des requins qu'à l'asphyxie. Plus d'un y a laissé une jambe ou un bras quand il a été assez heureux pour ne pas y laisser sa vie. Un plongeur ordinaire gagne quatre ou cinq francs par jour, lorsque, par exception, il ne pêche pas pour son propre compte.

Hélas! les lagons s'épuisent et les perles deviennent rares comme la nacre elle-même. On a, paraît-il, pêché sans compter, sans donner le temps à l'huître de se reproduire et de croître. En présence de cette dépopulation, la colonie a poussé un cri d'alarme. Que faire pour conserver aux Tuamotu cette source de profits? On a écrit à Paris et l'administration a maternellement envoyé un homme pour étudier la question. Il aurait fallu un praticien, un ostréiculteur de profession : on prit un savant, un secrétaire du Collège de France. Ce savant éminent ne pouvait plonger, sa grandeur l'attachait au rivage, et peut-être ne savait-il pas nager. Il se livra pourtant à de patientes études qui aboutirent à constater que la pintadine, c'est le nom de demoiselle de l'huître perlière, n'était pas hermaphrodite. Ce mollusque se contente d'un sexe, et la plus vulgaire moralité est d'accord avec l'intérêt du commerce pour recommander les mariages; le commerce se contenterait peut-être des unions libres.

A la suite de sa mission, notre savant a rédigé un rapport consciencieux qui débute philosophiquement ainsi : «Tout casse, tout passe, tout lasse! Les perles ont échappé à cette inéluctable loi, triomphé de cette inexorable tendance.... » Puis viennent les allusions aux légendes indoues, aux traditions et aux coutumes des Hébreux, des Égyptiens, des Éthiopiens, des Mèdes, des Perses, des Grecs, des Romains : voire une citation d'un dictionnaire chinois, l'*Url-Ja*, publié mille ans avant Jésus-Christ. Voilà pourquoi votre fille est muette ou, du moins, voilà pourquoi la pêche de la nacre et de la perle est en si mauvais état. Ce n'était pas que la dissertation du secrétaire du Collége de France fût sans valeur. Elle en avait trop, au contraire ; elle sentait trop l'Institut et pas assez le négoce. Sans doute on a pris plaisir à entendre rappeler, en comité académique, les perles de Salomon ; les deux perles que Cléopâtre portait à ses oreilles et qu'on évaluait dix millions de sesterces, les mêmes qu'elle but après les avoir mises dans le vinaigre ; celles de Servilie, mère de Brutus, estimées six millions de sesterces ; celles de Lallia Paulina, femme de Caïus Caligula, comptées pour quatorze millions de sesterces ; celles de Charles le Téméraire ; celles de la couronne de Hongrie ; celles de Christian IV de Danemark, celles qui figuraient dans une salade de bijoux offerte par Philippe II à sa femme Élisabeth, salade dont les feuilles étaient des émeraudes, le vinaigre des rubis, l'huile des topazes, et le sel des perles ; celle enfin que possédait le même Philippe II, achetée cent mille ducats et grosse comme un œuf de pigeon.

Et les pêcheries des Tuamotu ? Que faire pour les rendre plus fécondes ? Au dire de notre savant, il faudrait interdire le commerce des huîtres d'une dimension et d'un poids insuffisants. Laissez les huîtres aux coraux; laissez les roses aux rosiers. Plus pratiques, les indigènes ont inventé le *rahui*. Le *rahui*, c'est l'interdiction de pêcher dans les lagons qui ne donnent plus que de petites huîtres. En mettant le *rahui* pour cinq ans sur un lagon ou une portion de lagon, on a quelque chance, ce délai expiré, d'y pêcher de belles nacres et de non moins belles perles. Ce procédé a bien reçu la sanction de l'expérience mais le Collège de France lui refuse la sienne. C'est bien fait.

Il n'en est pas moins vrai que l'on trouve encore des perles dans les établissements français de l'Océanie, de jolies perles, sphériques, irisées, qui, pour briller d'un éclat moins vif que le diamant, n'en font pas un moins bel effet, fixées au lobe rose de votre oreille si petite, mademoiselle, — serties dans le chaton de votre bague, ou réunies en un collier dont se pare votre cou blanc, délicat, qui de la neige effacerait l'éclat, madame.

Nous passons à travers les îles en constatant l'absence d'un phare protecteur. Est-il possible qu'aucun feu n'indique leur route aux navigateurs qui s'aventurent dans ces parages, à proximité de terres à fleur d'eau qu'ils n'aperçoivent qu'au moment où ils vont les toucher, pour ainsi dire? Cet état de choses va cesser bientôt, m'assure-t-on. Il est temps.

Il y a près de quatre jours que nous avons quitté les Marquises quand, dans la nuit, le phare de la pointe Vénus est aperçu. Nous sommes à Tahiti. Voici la Nouvelle Cythère.

III

Diderot et Pierre Loti. — Papeete. — Le paysage. — Moorea. — Tahitiens et Tahitiennes. — Mœurs et coutumes.

Il y a deux légendes sur Tahiti, une légende philosophique qui nous vient de Diderot et une légende poétique que nous devons à Pierre Loti. Toutes les deux tournent à la gloire de l'état de nature. A les en croire, il n'y aurait rien de sage et de beau comme les mœurs primitives et libres d'un peuple enfant. Il faut bien en rabattre un peu, et six mois de séjour dans la Cythère océanienne font voir les hommes et les choses sous un aspect un peu moins séduisant.

Le philosophe et le romancier voyagent chacun à leur manière. S'ils nous trompent quand ils nous entraînent à leur suite au pays des chimères et des fictions, nous sommes leurs obligés encore. Il vient pourtant un moment où l'on prend assez mal les contes de l'un et les spéculations de l'autre. On traverse les océans et les continents, on affronte les tempêtes et les douanes, les naufrages et les gastralgies, on débarque enfin sur cette terre tant célébrée... La première impression reçue, sans être du désenchantement, répond très imparfaitement à ce qu'on avait rêvé.

Me voici à Papeete, enfin. Papeete, c'est la capitale de Tahiti. Le paysage est admirable mais borné. Tenter de le décrire après Loti ne serait pas sans témérité ! Sous un ciel d'un bleu profond, les montagnes nées de la mer plus bleue que le ciel découpent l'horizon d'une façon bizarre et vont s'enfonçant dans les flots. Il en est de sombres, volcans éteints ou seulement endormis qui ont l'air farouche et morne de géants malfaisants condamnés désormais au silence et au repos. D'autres sont grises et verdoyantes avec des sources et des cascades chantantes. Quelques-unes ont au flanc ou à la base des blessures qui sont des antres, des grottes obscures, de ténébreux abîmes. Ce sont des Alpes sans neiges éternelles. Dans toutes les vallées, des ruisseaux, aujourd'hui imperceptibles sous les cailloux détachés du sommet des monts, demain torrents impétueux brisant les ponts et emportant dans leur course furieuse les cases édifiées sur leurs rives. L'île est entourée d'une ceinture de madrépores. Ces madrépores, comme ceux des Tuamotu, c'est un corail jaunâtre, violet ou rose encore, très friable, mais non le corail rouge qui sied si bien aux brunes. Ils forment des récifs contre lesquels la mer vient se briser incessamment en grondant, et c'est à leur présence que la rade de Papeete doit le calme de ses eaux. Ils sont pour elle comme un rempart naturel.

Les couchers de soleil ont ici les clartés changeantes des apothéoses de féerie avec des tons gris, bleus, verts et mordorés. A l'ouest de Papeete, l'île sœur de Moorea se dresse comme un décor planté en plein océan sur un fond bleu tendre ou flamboyant, selon les heures.

Quand le temps est beau, on distingue avec une longue-vue les formes particulières des montagnes de Moorea. Au centre surgit un pic sombre percé à son sommet, et ce trou de quelques mètres a sa légende. Les Iles de la

Société furent longtemps en guerre les unes contre les autres. Un grand chef tahitien, un géant, lança un jour contre ses ennemis de Raiatea, île située de l'autre côté de Moorea, à cinquante lieues de distance, une sagaie qui traversa le rocher de part en part. Autre histoire. Il y a une dizaine d'années, un astronome quelque peu polonais, membre correspondant de l'Institut, eut la fantaisie d'escalader le pic percé. Parvenu au sommet, il s'installa dans la lucarne et déjeuna d'un appétit d'alpiniste triomphant. Ce Tartarin avant la lettre, venu à Tahiti pour y faire des observations astronomiques, météorologiques, hydrographiques, etc., est mort à Papeete après un séjour de trente ans. Par testament, il a légué à la ville une horloge de précision que les praticiens de l'endroit ont dérangée à qui mieux mieux.

Pendant que j'admire le décor de Moorea, je me prends à penser qu'il serait nécessaire tout au moins de faire le dénombrement des îles sur lesquelles flotte le pavillon français. C'est d'abord Tahiti et sa petite sœur Moorea, puis l'archipel des Tuamotu, celui des Gambier, Tubuai, Raivavae et Rapa, puis celui des Marquises. Les Iles de la Société se partagent en Iles du Vent et en Iles sous le Vent. Tahiti et Moorea sont les îles du vent, les iles sous le vent sont Raiatea. Huahine et Borabora. A Raiatea flottait, il y a peu de temps encore, un pavillon particulier, celui du protectorat. A Huahine et à Borabora ne flotte rien du tout. Si j'étais un homme politique, je dirais ce que l'on pensait de la situation de la France aux Iles sous le Vent. Elle était bizarre tout au moins. La France et l'Angleterre étaient d'accord pour réviser un traité de 1847 qui instituait la neutralité de ces îles; mais le Parlement anglais de Saint-Jean (Terre-Neuve) n'en voulait pas entendre parler. La diplomatie, qui n'en fait jamais d'autres, avait imaginé de lier la question des Iles sous le Vent à celle des pêcheries de Terre-Neuve. Sortir de cet imbroglio n'était pas facile. On s'en est tiré cependant.

A Raiatea, on nous attendait, et l'on s'étonnait même de notre inactivité; à Huahine on nous espérait, à Borabora on nous craignait. Cette petite île de cinq ou six cents habitants offre un tableau parfait des mœurs politiques tahitiennes. Les factions y sont nettement accusées. On y tient des réunions publiques orageuses dans les *farc-hau*, sorte de forum tahitien. Malheur à la minorité. Elle est à tout moment menacée de la déportation, et nous avons dû plus d'une fois intervenir et nous opposer à l'application d'une peine qui consistait à reléguer des malheureux sur un rocher où tout moyen de subsistance fait défaut. La petite reine de Borabora a épousé un neveu de Pomaré V, le roi honoraire de Tahiti. Ses sujets lui ont fait dire à Papeete, où elle vit habituellement, qu'ils l'attendaient avec impatience... pour la déposer. Je n'ai pas besoin d'ajouter que la pauvre femme n'a mis aucun empressement à déférer à ce désir. Elle est d'ailleurs tout acquise à la France. L'archipel des Tuamotu ne se compose guère que de soixante-dix-huit îles. Il est vrai que, dans le nombre, il en est de la dimension de celles du Bois de Boulogne. Les Marquises comprennent onze îles, et les Gambier cinq ou six. Aux Gambier, la pêche de la nacre et de la perle se pratiquerait aussi activement qu'aux Tuamotu si la race n'y dépérissait rapidement sous l'œil des Pères.

Me voilà loin du paysage, et je ne sais trop si l'on goûtera cette digression à travers la géographie et la politique. Force m'était bien cependant de dire ce que sont ces pays français situés si loin de la France, si loin qu'on n'y connaît point le télégraphe ni le chemin de fer, et que la voie de communication la plus rapide, celle que j'ai prise, exige au moins sept semaines. A sept semaines du boulevard! Qui l'eût cru! A sept semaines des Variétés et du Palais-Bourbon! A sept semaines de tous les théâtres!...

Je fais contre mauvaise fortune bon cœur et j'observe de mon mieux les êtres et la nature dans ces pays étranges. Ils ne sont point tels assurément que nous les montrent Diderot et Pierre Loti.

Le Tahitien vaut mieux que ses mœurs. Il y a en lui un fond de douceur, de docilité, d'extrême bonté, de générosité, de candeur, de qualités enfantines, y compris le respect profond de l'autorité. Bien que l'Européen ne lui ait pas épargné les déceptions, il croit toujours en lui. S'il manifeste parfois un sentiment de défiance, il suffit pour le ramener d'une parole amicale, d'un sourire. C'est dans votre regard qu'il cherche votre pensée, et votre sincérité a bientôt fait de le gagner. Un point très discuté est celui de savoir si le Tahitien est religieux. Des missionnaires protestants l'ont converti au christianisme et, depuis, des missionnaires catholiques sont venus qui ont joint leurs efforts à ceux de leurs devanciers. Chaque dimanche, à Papeete, quelques Tahitiens vont à la messe; mais, il faut en convenir, la foule se porte de préférence au temple protestant où le pasteur français prêche en tahitien et très éloquemment, assure-t-on. Les réunions religieuses sont nombreuses. Il y a jusqu'à quatre services. Venu dès dix heures du matin au temple, le fidèle n'en sort guère qu'à cinq heures du soir. Et pourtant des observateurs malintentionnés prétendent que sous le chrétien le sauvage est resté et que la religion n'est qu'à la surface. A les en croire, ce qui séduit l'indigène dans le protestantisme c'est l'occasion qu'il donne à tout venant de discourir, de prêcher, bien plus que le culte lui-même, la pure et rigide doctrine de Calvin. Le christianisme intellectuel et raffiné de Genève est à peu près impénétrable à ces grands enfants qui ont tout au plus la foi du charbonnier.

Ce ne sont pas les orateurs qui manquent et quels orateurs! véhéments, pathétiques, ironiques, pleins d'images hardies et populaires, avec des gestes qui soulignent admirablement les paroles, et un je ne sais quoi de sérieux et de convaincu qui ne serait pas déplacé dans nos Chambres. Jadis les Tahitiens pratiquaient une sorte de parlementarisme, ce qui ne veut pas dire qu'ils s'entendaient mieux pour cela. Réunis dans la fare-hau, ils délibéraient sur les affaires publiques ; ils élisaient leurs chefs et leurs pasteurs. Toute cette vie politique s'est éteinte. On compte pour la ranimer sur l'organisation des districts en communes. Qui vivra, verra.

Voilà le Tahitien au moral. Au physique, il est beau, bien fait, de taille élevée, la physionomie expressive, quelque chose de supérieur dans le port de la tête. Il marche avec noblesse, le torse et les jambes nus, les reins ceints du pareu (prononcez paréo), une large pièce de calicot rouge bariolé de jaune, de bleu ou de blanc. Le dimanche, il passe une chemise bien empesée dont les pans flottent au vent, et dont la blancheur immaculée contraste avec les nuances éclatantes du pareu. Il lui arrive encore, s'il est chef de district ou pasteur, de revêtir un veston de drap noir, mais il ne renonce pas pour cela à l'espèce de jupon qui est pour lui le vêtement fondamental. N'ai-je pas lu dans un rapport quasi officiel la phrase suivante : « Les nègres de Tahiti..... » ? Le Tahitien n'est nullement noir, il est brun, d'un brun rouge foncé comme les Indiens de l'Amérique, et considère, d'accord en cela avec certains savants, les nègres comme étant une race très inférieure à la sienne. Les préjugés de couleurs sont-ils donc inhérents à la vanité humaine qu'on les retrouve aux antipodes ?

La Tahitienne porte en elle cette même assurance. La dernière des vahiné (femmes), va d'un pas de reine, de reine de théâtre, tenant d'une main les plis de l'ample peignoir sans ceinture et à longue traîne qui s'ajoute pour elle au pareu, accusant les seins qu'aucun corset ne retient ni ne comprime. Ces peignoirs sont, avec les plumes du chapeau, le grand luxe des vahiné. On en voit de roses, de blancs, de bleus, de jaunes, de toutes les couleurs, avec des volants et des broderies, et cette variété de tons contribue à faire un ensemble agréable du premier groupe venu de filles ou de femmes. Le chapeau joue un rôle important dans la toilette tahitienne. Il est la grande coquetterie des femmes et des hommes. Fait de bambou finement tressé ou de filaments de pandanus, c'est la coiffure ordinaire, commune à tous, indigènes et Européens. Fait de canne à sucre, il devient un objet de luxe. Tel chapeau vaut soixante-dix ou quatre-vingts francs, et si l'on y ajoute le prix de la plume blanche enviée de toute Tahitienne, on arrive à cent-dix ou cent-vingt francs. Autrefois, la vahiné amoureuse jetait une fleur de pia à l'homme de son choix ; la mode aujourd'hui est pour elle d'offrir un chapeau. De tels présents coûtent cher à qui les reçoit !

Les enfants sont charmants. Ils n'ont pas deux ans que déjà leur allure décidée copie celle de leurs parents. Le peignoir et le chapeau de paille, qui vont si bien aux femmes faites, vont mieux encore aux fillettes dont les formes graciles ont une élégance particulière sous le vêtement indigène. Elles passent, enlacées, se tenant par la taille, souriantes, innocentes, objets de la convoitise prématurée des hommes...

Me voici venu sans y penser à ce côté de la vie tahitienne sur lequel on a tant écrit : les mœurs. Cook, Forster, Moorenhout, Vincendon-Dumoulin et tant d'autres, sans parler de Bougainville, ont raconté et décrit bien des choses. Il est intéressant de voir si quelque changement s'est produit dans la façon de vivre des Tahitiens. Je me ceins d'un pareu, j'arbore mon nom canaque, *Teraï Tua*, qui veut dire *le ciel à l'horizon*, et je regarde.

« Je m'imagine souvent que si l'humanité acquérait la certitude que le monde dût finir dans deux ou trois jours, l'amour éclaterait de toutes parts avec une sorte de frénésie ; car ce qui retient l'amour, ce sont les conditions absolument nécessaires que la conservation morale de la société humaine a imposées. » — Je lis cela dans la préface de l'*Abbesse de Jouarre*. Voilà toute trouvée une introduction au chapitre des mœurs.

IV

La frénésie de l'amour. — La fanfare locale. — L'upa-upa. — Quelques traits de mœurs. — Le *Divorce de Loti*. — Le demi-monde à Papeete. — La retraite. — La vahiné au bain.

Il n'est pas besoin d'attendre la fin du monde Voici un peuple qui se livre avec frénésie à l'amour, naïvement, ingénûment, au milieu des chants et des danses de caractère; un peuple pour lequel le mot vice n'a pas plus de sens que le mot vertu. Que dis-je? Il ignore l'un et l'autre. Il est dépravé mais n'est point coupable. La corruption a commencé pour lui le jour où l'Européen a voulu payer ce qui se donnait pour rien. Ce jour-là, la Tahitienne qui n'était que débauchée s'est réveillée courtisane. Dans la réalité, le rêve poétique de M. Renan aboutit à une décadence. Innocent encore, si l'on veut, en sa liberté extrême, l'amour est devenu la prostitution infame à prix d'argent.

La Rarahu de Pierre Loti m'est apparue tout à l'heure. De la porte de ma case, je l'ai aperçue, altière dans sa démarche, le front couronné de fleurs, un tiaré (gardenia tahitien) fiché sur son oreille brune, ses longues tresses noires tombant sur les reins. Le parfum du monoï, huile de coco parfumée de santal, m'arrivait, âcre et désagréable, et j'ai cru voir que la belle vahiné n'en était pas à sa première goutte de rhum. J'allais oublier un détail. Sur son cou flexible, j'ai distingué une petite tâche scrofuleuse, des vices maternels le stigmate infamant.

Six heures venaient de sonner. Rarahu s'est arrêtée sous la vérandah d'une case où d'autres femmes, ses pareilles, couchées sur le plancher, échangeaient des paroles indécentes en fumant la cigarette roulée dans une feuille de pandanus. Nous nous reverrons à la musique, ce soir.

Huit heures. Le kiosque où se place la fanfare locale vient d'allumer ses lampes à pétrole. Depuis un moment déjà les marchandes de couronnes sont arrivées. Elles se tiennent accroupies sur l'un des côtés de la place du Gouvernement. Une bougie éclaire leur étalage où se trouvent, à côté des fleurs tressées, les cigarettes de pandanus, les ananas, les bananes, les pastèques et les crêpes, noirâtres, minces, sentant la graisse.

Un allegro bruyant et mal joué ouvre le concert. Les garçons et les filles vont et viennent ou forment des groupes auxquels se mêlent les fonctionnaires et les officiers de la flotte. La demi-clarté de la nuit permet des privautés, et les propos les plus libres, en tahitien et en français, se croisent. Quelquefois, en dépit de la vie qu'elle mène, la vahiné sent une offense à sa pudeur dans le geste du « farani » (français). Elle a un mouvement d'épaule d'une grâce particulière, une sorte de frémissement qui marque un vague reproche; elle se drape, ramène le bras droit sur la poitrine et murmure : « Haere fau-fau », ce qui veut dire : « Laissez-moi tranquille, monsieur ! », ou plus littéralement : « Va-t-en, polisson ! »

Mais voici que l'on joue une polka. Les vahiné se mettent à sauter, toutes droites dans leurs peignoirs flottants, en mesure, scandant une chanson libertine, car, mieux que le latin, le tahitien brave l'honnêteté dans les mots. N'est-ce pas Loti lui-même que j'ai devant moi, donnant le bras gauche à Rarahu et le bras droit à Térii ? L'élégant officier, en jaquette et en casquette blanches, est entraîné par les bonds de ses compagnes. Quand il s'arrête essoufflé, c'est pour leur faire présent d'une couronne de fleurs et se parer lui-même de ce diadème éphémère dont les parfums violents lui montent au cerveau. La musique terminée, la fête se continue dans la case de Rarahu, meublée d'un lit et d'une malle. L'officier a donné une piastre chilienne pour aller acheter du rhum. Chacun à son tour porte à ses lèvres le goulot de la bouteille...

La vahiné est vénale sans être cupide. Elle ne se livre pas au premier venu pour échapper à la misère, et ne tient guère à l'argent. La misère est inconnue dans ce pays où, sous un ciel de feu, croissent naturellement les fruits et les racines dont se nourrit l'indigène. La vahiné « fait la fête » pour elle-même, pour le plaisir qu'elle y prend, pour l'ivresse qu'elle y trouve, pour le festin dont elle a sa part et où, parée de son peignoir le plus joli, couronnée de fleurs, elle se gorge de nourriture et de vin, en attendant la danse finale, l'*upa-upa* par laquelle s'achève l'orgie.

L'upa-upa est une danse de bacchantes, une sorte de mimique passionnée et fougueuse où chaque geste a sa signification et une signification si accentuée que le ballet se termine quelquefois dans une étreinte amoureuse. Ce sont des mouvements des cuisses, des genoux et des reins, rapides et tournoyants, un secouement de tout l'être, avec des cris inarticulés, sur un accompagnement monotone de flûte et de tambour. Ce qui se chante à l'upa-upa dépasse en cynisme les couplets si libres déjà que l'on fredonne sur la place du Gouvernement. L'« *ute* » est un récitatif plutôt qu'une chanson; il commente toutes les phases de la danse favorite et ne contribue pas peu à provoquer un délire érotique dont les plus jeunes enfants sont témoins souvent. Nous sommes loin des mystères d'Isis. Ici, tout se passe au grand jour, au soleil; en plein air, la nuit. A Papeete, par exception, on danse l'upa-upa dans certaines maisons connues de la police, à la clarté des lanternes, au son de l'accordéon (toujours l'accordéon!) et le *papâa* (l'étranger, le blanc) est admis s'il a payé son écot en rhum, en genièvre, en whiskey ou en absinthe.

D'où viennent ces mœurs ? Elles étaient un peu celles de Tahiti avant l'arrivée des Européens ; elles se sont peut-être aggravées depuis en une certaine mesure. Elles tiennent à l'ardeur du climat, et sans doute aussi à la promiscuité qui règne fatalement dans les cases indigènes où le père et la mère, les garçons et les filles dorment ensemble, à la clarté de la lanterne, dont la lumière écarte les tupa-pau, les fantômes, les revenants, les diables. Pareille chose ne se passe-t-elle pas dans certaines de nos grandes agglomérations urbaines, à Paris, à Lyon, à Lille, où la nombreuse famille de l'ouvrier couche dans une chambre unique ?

Ces mœurs tiennent encore à la légende même de la « Nouvelle Cythère ». Tahiti est avant tout un lieu de plaisir. Loti se soucie bien de l'avenir de cette terre enchanteresse, de ce que pourrait ambitionner cette race qui n'est ni sans beauté ni sans noblesse ! Rarahu seule l'attire et le retient ; il l'a prise à peine nubile en ce pays où la femme est mère à douze ans, et de ses bras elle tombe, jouet à moitié détraqué, dans les bras du gabier. Il faut voir, le dimanche, dans les rues de Papeete, passer les chars à bancs, bondés de filles dont l'une tient l'inévitable accordéon. En route pour l'upa-upa !.....

Dès leur arrivée, les missionnaires ont tenté de réagir. Ils ont d'abord fait des lois, édicté des amendes, institué enfin une discipline religieuse avec la sanction de l'excommunication. En vain. Abordez ce Tahitien qui revient du temple, portant sa bible dans une enveloppe de vannerie. Demandez-lui: « Où est ta fille ? » Il répond impassiblement: « *Te hapao ore ra i Papeete.* » Elle fait ce qu'elle veut à Papeete. Ou encore : « *Te taiata ra i Papeete* »; « *Te ori purumu ra i Papeete.* » Elle s'amuse, elle court les rues à Papeete. Si notre homme habite un district où peut-être il a rang de notable, *hui-ratiraa*, il vient loger de temps en temps au chef-lieu, dans la case de sa fille, et ne s'en va pas sans emporter quelques objets à sa convenance, meubles ou effets d'habillement. Jamais un indigène ne s'est adressé à la police pour se plaindre d'un rapt ou pour demander qu'on lui rendît son enfant perdue ! D'ailleurs, le soir, dans la case où tous vivent pêle-mêle, la prière finie, s'engagent les conversations libres, rabelaisiennes, pourrait-on dire, n'était l'énormité de l'anachronisme. Cette liberté du langage n'est point le vice, elle peut même sembler saine et innocente, rétrospectivement et littérairement. En réalité, elle est l'accoutumance, pour les vieux et pour les jeunes, aux mauvaises mœurs et une chose triste en dépit des rires éclatants qui lui font cortège.

Au moment de la récolte des oranges, les Tahitiens fabriquent avec ces fruits une sorte d'eau-de-vie ou de vin doux dont ils s'enivrent en commun. Jadis, avant l'annexion, qui leur donna toutes les libertés y compris celle de la boisson, ils allaient se cacher dans les vallées, loin de la surveillance du *mutoï* (agent de police) pour manipuler et boire l'*ava anani*. Aujourd'hui ils font cela publiquement, en commun, hommes, femmes, enfants, et pendant trois ou quatre mois. Il se passe alors des choses qu'on ne peut raconter.

Tout pour l'indigène est prétexte à fête, à réunion dansante, chantante, buvante : le passage dans le district d'un étranger aussi bien que l'arrivée d'un fonctionnaire. Le chef se hâte, pour faire honneur à son hôte, de rassembler les *himene*, les chœurs religieux, et de préparer un repas monstre où rien ne manquera. Après le banquet viendront les chants, les chants sacrés d'abord, puis les autres ; et, pour peu qu'il en témoigne le désir, le voyageur entendra les *ute*, assistera à l'upa-upa, et à des scènes où ces grands enfants se montreront à lui tels qu'ils sont, sans retenue, sans hypocrisie aussi, dans l'abandon de leurs mœurs primitives, dans la double frénésie de l'ivresse et de l'amour.

La race dégénère et meurt. Les grands et beaux vieillards survivent à leur postérité étiolée, rachitique, phthisique, empoisonnée de toutes les façons. Fleurs flétries avant d'être écloses, les filles ne seront jamais femmes ou, si elles le deviennent un jour, ce sera pour donner à leurs époux (*tané*) des enfants condamnés à l'avance.

Ce tableau est un peu sombre ; il n'est que trop fidèle. Que reste-t-il du beau roman de Loti ? J'ai vu à Moorea la belle-sœur, à la mode tahitienne, du poétique écrivain. C'était une vahiné quelconque, insignifiante, fatiguée, vieillie. En contemplant ce visage brun aux traits un peu durs, en devinant sous le peignoir ce corps déformé, je me prenais à penser qu'un livre était peut-être à faire, *Le Divorce de Loti,* un livre qui nous montrerait l'aimable officier dédaignant les amours indignes, moins épris du monoï, des pieds nus et du poisson cru, revenu à d'autres plaisirs, et cherchant des distractions saines dans l'hydrographie et le balisage. Ironie à part, en dépit de cent pages où le contraire est affirmé en un style si vibrant, Rarahu n'est point faite pour ce diadème de poésie parfumée. Il y a longtemps qu'elle a laissé tomber dans la boue des rues de Papeete cette couronne de fleurs qui parait si étrangement son front casqué de cheveux noirs, plus noirs que le drap funéraire qui recouvre le cercueil où dorment nos illusions à jamais perdues.

Il n'y a point de romans en ce pays; il n'y en eut jamais. A la longue certaines vahiné prennent des allures d'horizontales, pour employer un vocable du jour, et l'on peut dire que la théorie des pêches à quinze sous et des pêches à trente sous, qui fit la fortune du *Demi-Monde,* est aussi bien en situation ici que dans le milieu où vécut Marguerite Gautier. Il y a des catégories dans le vice plutôt que des degrés.

Sans doute une nuance sépare de Nini telle jeune fille qui se donne pour rien, telle enfant qui tombe innocente dans les bras du midship, mais demain elles seront en tout pareilles.

Nini est une demi-blanche qui, à Papeete, porte des bottines et dont le peignoir a des tendances à la robe. Nini est à la mode. Elle a voiture et chevaux, maison de ville et maison des champs. Il n'est pas bien sûr qu'elle n'aille pas pieds nus dans son district mais, à Papeete, c'est autre chose. Valentin, l'enseigne de la *Thétis*, en est amoureux fou, aussi Kerveguen et bien d'autres. Le visage ovale, l'œil fendu en amande, la taille d'une exiguité toute chinoise, elle est bonne fille, spirituelle, épistolière, et s'en moque, recevant de toutes mains et réalisant de son mieux le proverbe cher aux filles d'amour : « Ce qui vient de la flûte retourne au tambour. » Elle n'a jamais aimé et n'aimera jamais personne. Cela ne surprend pas, car à Tahiti on ne dit pas : « Je t'aime! » mais : « Je te veux! » Il n'empêche que la belle vahiné préfère ostensiblement à l'officier de vaisseau qui se ruine pour elle, le *tane*, l'homme de sa race, qui vit des débris de sa table, et à qui elle jette de temps à autre une piastre chilienne et les miettes de son amour.

Plus bas..... ne descendons pas plus bas. C'est la barrière avec ses bouges, ses saletés et ses puanteurs, la déchéance et l'avilissement de la créature, l'ignoble dans la fange, quelque chose comme le quartier de l'École militaire, à Paris, et ses bals publics.......

Tandis que je prends des notes, voici que m'arrivent les accords des cuivres bruyants. C'est la retraite. La musique joue un air tahitien des plus entraînants qui alterne avec *En revenant de la Revue*. La gloire du général Boulanger a fait le tour du monde. Les instrumentistes marchent précédés et suivis des groupes dansants, sautants plutôt, des Tahitiennes et de leurs amis d'un jour ou d'une heure. Des jeunes enfants se bousculent dans le cortège. Les vahiné se donnent le bras et bondissent en mesure. C'est un tableau unique par une belle nuit, quand la lune éclaire ces rondes folles, secouées dans un rythme étrange, mêlées de rires et de cris sauvages. Tout s'apaise subitement à la dernière note, au dernier coup de caisse. Voici le retour. Rentrons bras dessus, bras dessous ; chacun chez nous...

Elles ont des noms singuliers et charmants, les brunes filles. Elles s'appellent mesdemoiselles Œil-Baissé, Paresseuse, Nuit, Messagère, Celle qui lance des pierres, Sommet, Méprisante, Mystère, Couchée sur le Dos, Fille Noble, Coup de Pied, l'Éclair, Lune, Solitaire. Rarahu veut dire celle qui gratte. Pour l'euphonie, Matatao, Tuaï, Teüra, Maeva, Marama, Tupuaï, valent bien certains noms greco-français de notre calendrier.

La vahiné est fille de la mer. Elle nage comme un poisson. Elle aime à se jouer dans l'eau. Le soir, vers cinq heures, des troupes de jeunes filles et de femmes vont se baigner dans la Fautaua, l'une des principales rivières de Tahiti, à une demi-heure de Papeete. Elles se jettent dans le torrent du haut d'une petite roche, plongent et replongent, restent sous l'eau une minute et plus, pour reparaître riant aux éclats. Elles ne sont point chastes, mais elles sont décentes. Dans l'eau, elles n'ont qu'un pareu, et s'arrangent de façon à ce qu'on ne voie que leurs bras fermes et ronds. Le bain fini, elles mettent à passer leur peignoir une prestesse qui déconcerte les regards trop indiscrets. Parfois, il faut tout dire, la vahiné est surprise dans le bain par son amant...

Des festins ont lieu au bord de la Fautaua. *L'amuramaa* terminé, tout le monde se met à l'eau, Européens et Tahitiens, et les échos de la fête vont se perdant dans la vallée profonde.

Il me prend l'envie de déchirer cette esquisse rapide et atténuée des jouissances qui sont la gloire principale de la Nouvelle Cythère. Ce qui me retient peut-être, c'est le souvenir des quelques lignes de M. Renan. Non, la frénésie de l'amour ne saurait être le dernier mot, la fin d'une race condamnée. Il y a quelque chose de mieux à espérer pour elle que le suprême triomphe de l'instinct sur l'intelligence, de la volupté sur la raison, de la bête sur l'ange.

V

A Papenoo. — Archéologie polynésienne. — Les croyances d'autrefois. — Les revenants. — Un peu de poésie. — Refrains guerriers.

Je reviens de Papenoo, l'un des districts les plus intéressants de l'île. J'y ai vu Monseigneur Tepano Jaussen, évêque d'Axieri, ancien vicaire apostolique de Tahiti. Tepano, dans le pays on dit Tepano tout court, célèbre la messe dans une très-modeste église, une case ordinaire, en bois. Il se console de n'avoir pas réussi à extirper l'hérésie en élevant des bœufs, en récoltant des noix de coco et en s'adonnant à d'importants travaux historiques et archéologiques. Il croit avoir trouvé la solution du grand problème de l'origine des Maoris, la race à laquelle appartiennent les Tahitiens et tous les Polynésiens en général.

Tepano est très fier de sa découverte. Il m'a

montré des cahiers couverts de notes et, non sans quelque réticence, m'a donné à entendre que c'est dans l'une des Célèbes qu'il faut chercher les traces du premier groupe indien d'où sont nés les Polynésiens. C'est de là qu'ils auraient essaimé dans le Pacifique, abordant successivement à toutes les îles éparses de l'Océanie. Je ne suis pas grand clerc en ces matières. Tout en écoutant Tepano, je le regardais attentivement et je finissais par trouver à ce moine paysan, à ce bénédictin agriculteur, une physionomie à part, avec sa grande barbe grise, sa soutane tout usée et ses obstinations de vieillard et d'érudit qui se convainc lui-même en essayant de convaincre les autres.

En ce moment, Tepano déchiffre un document précieux, des tablettes gravées, des tablettes de bois de rose trouvées dans l'île de Pâques. Or, ce qui manque le plus pour étudier l'histoire des Maoris, ce sont les documents écrits. On ne peut évidemment donner le nom d'écriture aux signes assez rares gravés sur les idoles ou sur quelques pierres. Il en est autrement des tablettes de Tepano ; ce sont proprement non des pages mais des lignes d'écriture, et les signes sont bien des caractères qui se répètent et dont le sens lui est connu. Ces caractères ont quelque chose d'hiéroglyphique, mais il s'en faut qu'ils aient la pureté, la beauté des caractères égyptiens. Il est difficile d'en donner une idée sans le secours de la gravure. Malgré leur naïveté grossière, ces caractères n'en constituent pas moins une écriture idéographique imitant, selon la définition de Champollion, plus ou moins exactement les objets existants dans la nature. Voici un poisson à n'en pas douter, deux poissons, trois poissons, une scolopendre, une ligne, un hameçon et un poisson au bout, une volaille ou un oiseau quelconque ; et peut-être doit-on voir dans un dernier dessin un bonhomme, un peu déjeté il est vrai, et où il faut de la bonne volonté pour reconnaître les belles proportions du roi de la création.

Le vénérable évêque d'Axiéri a des rivaux et des émules en grand nombre ; il en a dans la magistrature, dans l'armée, dans la flotte, dans la gendarmerie, dans l'administration. On a beaucoup écrit sur le passé de la Nouvelle Cythère quoiqu'on n'en sût rien ou peu de chose, mais le moyen de résister à la tentation de dépeindre cette terre tant vantée et de raconter son histoire, les coutumes et les traditions de ses habitants ! C'est à qui rassemblera le plus de documents, compulsera le plus d'ouvrages, se livrera aux enquêtes les plus minutieuses, aux observations les plus patientes. De tous ces chercheurs, le plus intéressant est à coup sûr Tepano qui correspond en latin, comme les moines du moyen âge, avec les vicaires apostoliques des îles plus ou moins lointaines, leur fait part de ses découvertes, leur soumet ses hypothèses et leur demande des avis. Patience, quelque temps encore et nous saurons ce que signifient les caractères des tablettes de l'île de Pâques où, dès à présent, le vieil évêque devine des épitaphes, et dont il a fait l'objet d'un mémoire adressé à l'Académie des Inscriptions et Belles-Lettres.

Les Tahitiens ont un passé; ils ne sont pas nés d'hier. Leurs institutions politiques basées sur le régime électif, la suprême dignité de leur allure, de leurs poses, leur politesse native, sont des signes que ce passé ne fut pas sans grandeur. Mais en fait de monuments de ce passé, il n'y a guère que les marae. Le marae est une espèce de tertre où s'élevait jadis un autel fait de fragments de roches et de coraux. Il est situé au bord de la mer et planté d'arbres, principalement de bois de fer. Le marae était à la fois un lieu religieux et un sanctuaire patriotique. Chaque famille de roi ou de chef avait le sien. On y accomplissait les sacrifices et l'on s'y préparait à la guerre. Près de Papeete, dans le district d'Arue, se voit le marae de la famille de Pomaré.

Il faut convenir que la disposition des lieux se prêtait au mystère et que la célébration des rites dans le bosquet sacré ne devait pas être dépourvue d'une certaine poésie toute primitive. En s'aidant des vagues souvenirs des vieillards et des observations recueillies par M. de Bovis, on peut sans trop de peine reconstituer ces scènes intéressantes. Le matin du jour fixé pour le sacrifice, les Tahitiens affluent aux abords du marae. Ils apportent des vivres, des noix de coco, des cochons, des régimes de feï, banane sauvage, des huru, fruit de l'arbre à pain. Les prêtres les haranguent, ils leur répondent. Chacun d'eux est muni de son tiï, de son idole, dont la dimension est proportionnée à sa situation sociale. Cette idole, c'est un morceau de bois, une bûche plus ou moins sculptée, enveloppée d'une gaîne tressée avec le pandanus.

Devant l'autel est placé un amas de feuilles de bananier dont personne n'approche. Ces feuilles de bananier recouvrent le cadavre de la victime choisie pour le sacrifice. La veille, le grand-prêtre a envoyé au roi une petite pierre noire, et cette pierre adroitement lancée a frappé à la tempe un homme qui paressait devant sa case tout en plaisantant avec sa vahiné. L'homme est tombé, tué sur le coup. Son corps a été apporté dans un panier fait de feuilles de cocotier.

Les prières ont commencé, entremêlées de litanies et de discours où tout se confond, la louange des dieux Taaroa, Oro, Tane Raa, etc.. et la généalogie des rois ou des chefs. Tandis que le prêtre découvre l'idole du marae, les fidèles sortent leur idole particulière de sa gaîne ; les chants sacrés se font entendre, et les litanies sont reprises par un acolyte dont la fonction est de crier, d'aboyer cette liturgie retentissante. Le grand-prêtre s'est baissé vers la victime étendue au pied de l'autel. Il se relève et tend au roi, d'un geste inspiré, l'œil du mort qu'il vient d'arracher de l'orbite. Le roi fait le simulacre d'avaler cet œil. Les prières continuent. Le cadavre est découpé et ses entrailles sont examinées attentivement. La guerre est qrochaine. Est-ce la victoire ou la défaite qu'annoncent les indices recueillis par le sacrificateur? Le crieur se taît tandis que le grand-prêtre prononce un discours destiné à surexciter les courages. Le dieu est satisfait; il agrée le sacrifice. Le chœur recommence. Après un dernier discours, les petites idoles sont enveloppées, et la grande idole disparaît aux yeux du peuple qui donne pour épilogue à la cérémonie religieuse un festin copieux, un *amuramaa*, et des danses.

Ce qui ajoute à l'impression produite par ces souvenirs vivants encore dans la mémoire des vieillards, c'est l'aspect de cette belle et riche nature, ce ciel, cette mer, ces monts, ce soleil radieux. Quel spectacle imposant que celui de cette foule d'hommes et de femmes demi-nus et recueillis participant à ces étranges cérémonies! Un dernier trait. Aux abords du marae, aux branches les plus élevées des arbres de bois de fer, étaient suspendus les cadavres des guerriers fameux qui pourrissaient ou se desséchaient là-haut, bercés par la brise qui vient de l'océan ou de la montagne.

Qui peut dire ce qu'il reste des anciennes croyances sous les nouvelles? Le Tahitien le plus pieux, chrétien fervent et membre du conseil de sa paroisse, croit encore aux mauvais esprits, aux tupapau. Un missionnaire me raconte le fait suivant : Il a donné l'ordre, un jour, à un homme de défricher une partie de son enclos. Le travail est achevé ; pourtant, sur un petit espace, la brousse est intacte. Interrogé, l'homme répond que cet endroit est fréquenté par les tupapau, et il cite des exemples de gens qui ont été frappés pour avoir touché aux arbres et aux pierres du sol. Ainsi, un habitant du district ayant coupé une branche a été, peu de temps après, atteint du *ovi*, sorte de lèpre, et s'en est allé mourir à Raiatéa. Un autre, pour avoir brisé une pierre, a subi le même sort. Ces explications font sourire le missionnaire. Elles lui expliquent pourquoi, seuls, les cocotiers qui se dressent là ne sont pas dépouillés de leurs fruits par les indigènes peu scrupuleux. La superstition lui tient lieu de garde-champêtre.

Mieux que cela! Un Européen avise, pour prendre son repas, un endroit ombragé suffisamment. Des Tahitiens s'approchent et lui conseillent de se retirer. Le lieu où il se trouve est un ancien marae. Y déjeuner serait s'exposer à la colère des mauvais esprits. Sceptique, l'Européen sourit, se met à faire sa cuisine, et mange du meilleur appétit. A huit jours de là, il sent les premières démangeaisons de l'ovi. Il en est mort. Ce fait venu si à propos pour confirmer les indigènes dans leur croyance aux tupapau, m'a été certifié par un ancien lieutenant de vaisseau qui a pris sa retraite à Tahiti.

Si ce n'est pas assez de ces histoires de revenants, je puis en conter d'autres. Un tupapau veillait jalousement sur les corps de deux braves qui séchaient au soleil dans la montagne. Sollicité par des étrangers, un Tahitien alla un jour couper les têtes des cadavres et vint les livrer pour cinq francs à l'arsenal maritime. Le tupapau tira une vengeance éclatante de ce sacrilège. Le même soir, il assaillit le malheureux indigène coupable de violation de sépulture, le roua de coups, et le contraignit à reporter les têtes où il les avait prises.

6.

En y regardant de près, on se rend compte que le tupapau se confond, dans l'esprit de l'indigène, avec le rêve, avec le cauchemar plutôt. La nuit, quand on dort, le tupapau survient sans bruit et vous serre à la gorge. On ne peut ni crier ni se défendre. Tantôt il prend la forme d'un chat, tantôt celle d'un cheval, tantôt celle d'un bœuf. Il ne court point ; il vole. Jamais ses pieds ne touchent la terre. Il est impalpable et fuyant.

Il y a de petits tupapau et le grand tupapau. Sur la route de Punauuia, à dix kilomètres de Papeete, en plein jour, un tupapau arrêta une voiture qui se brisa. Les Tahitiens ont depuis peur de passer le soir sur cette route. Ce tupapau audacieux était vêtu comme un officier d'infanterie de marine. On suppose qu'il est l'ombre d'un commandant tué dans la guerre de 1844.

Quelle version choisir parmi toutes celles où se perd l'imagination enfantine de l'indigène ? Les tupapau sont surtout les morts dont les âmes ne vont point au ciel, de petits diables ; si les uns vous prennent à la gorge, d'autres vous rouent de coups de bâton. N'essayez pas de démontrer au Tahitien que ce sont là des fables, des récits faits pour abuser son imagination. Il vous répond : « Est-ce que vous autres papâa, vous n'avez pas vos tupapau ? » Cette réplique m'a fait baisser la tête. Il ne faut pas aller bien loin dans nos campagnes pour retrouver ces légendes, ces histoires des âmes des défunts qui reviennent dans la nuit troubler le sommeil des vivants.

Il y a aussi la croyance aux esprits des ancêtres qui logent dans le ventre des requins. Un jour de fête nationale, Mano, la cheffesse de Tautira, était venue à Papeete, pleine de santé, suivie de son district et de son himéné, et elle avait pris part aux repas et aux réjouissances d'usage. Trois jours après, on l'aperçoit, devant une case voisine du palais de la reine, assise, accroupie plutôt, dans une pose triste. Pourquoi n'est-elle pas retournée dans son district? On l'avait vue partir cependant, la fête terminée, en compagnie des siens. Voici ce qui s'est passé. Quand la baleinière où se trouvait Mano est arrivée devant la passe de Pueu, le requin qui porte les esprits de ses ancêtres l'a arrêtée. Tous les efforts pour aller plus avant ont été vains. Elle sait ce que cela veut dire. Elle est revenue à Papeete et elle attend paisiblement la mort. Naturellement, les interlocuteurs de Mano essayent de la détromper. Elle secoue la tête. Ses ancêtres l'appellent, elle va bientôt les rejoindre...

Eh bien ?.... La cheffesse de Tautira est morte le lendemain subitement.

La superstition ne s'attachait pas seulement aux esprits, aux revenants. La personne du roi et de la reine était sacrée. Toucher à un objet dont ils se servaient, c'était commettre un outrage et s'exposer à être frappé du ovi. Plus d'un l'a expérimenté à ses dépens. Le nom même du roi était entouré de respect à ce point que les syllabes dont il était formé étaient éliminées de la langue. Ainsi Pomaré veut dire « Qui tousse la nuit ». Po, nuit; maré, toux. Po est devenu *rui* et maré *hota*.

On ignore, à l'heure qu'il est, si toutes ces chimères hantent encore les cerveaux tahitiens. Interrogés à cet égard, les missionnaires protestants ou catholiques semblent embarrassés. Plus d'un fidèle parmi les plus assidus au temple songe avec terreur, la nuit, aux esprits dont il se sent entouré.

Mon domestique tahitien est un brave garçon, très laid mais si doux qu'un sourire voile incessamment sa laideur. C'est un bon protestant. Un soir de grand vent, une sonnette retentit dans la maison ; Pihapiti refuse d'aller voir ce qui a pu causer ce bruit. Il a peur des tupapau.

Les Tahitiens sont courageux pourtant, la superstition mise de côté. Nous l'avons éprouvé quand ils ont défendu leur pays contre l'occupation. Ils se sont montrés irréductibles, et, sans un mouvement tournant prestement exécuté, on eût eu beaucoup de peine à en venir à bout. Chevaleresques avec cela, s'étonnant, s'indignant qu'on ne les avertît pas chaque fois que l'on recommençait les hostilités, et accueillant courtoisement, entre deux escarmouches, l'ennemi à qui ils offraient l'hospitalité pour un peu plus.

Dans un combat, nous nous étions avancés en nous découvrant jusqu'au pied d'une redoute construite par les tahitiens. Ceux-ci, armés de mauvais fusils mais en nombre, font une décharge et, sans plus attendre, se précipitent sur nous. La plupart se font tuer mais l'avantage leur reste un moment. Un guerrier d'une stature magnifique et dont les membres nus luisaient au soleil, blesse un soldat d'infanterie de marine qui tombe au pied d'un cocotier. Pendant que ce guerrier se dispose à courir à d'autres adversaires, un de ses compagnons se penche sur le blessé pour l'achever, comme les indigènes avaient coutume de faire. « Je prends cet homme ! Cet homme est à moi ! » s'écrie le guerrier. Désormais, toucher au blessé, ç'aurait été s'attaquer à celui dont il était le prisonnier. Le combat fini, le guerrier charge le malheureux sur ses robustes épaules et court à la plage. « Haere mai ! Venez ! » crie-t-il. Un canot se détache du *Phaéton*. Après avoir remis le soldat français aux marins, le Tahitien s'éloigne, non sans avoir salué avec un geste magnifique : « Ia ora na ! »

« Ia ora na ! » On traduit communément cette formule par : « Salut à vous ! » Littéralement, *Ia ora Na* veut dire : « Que tu vives là en bonne santé ! » Un autre trait. Dans un combat suivant, un aspirant était parvenu le sabre aux dents, les pistolets au poing, à tourner la redoute tahitienne. Il tombe frappé d'une balle au front. Le guerrier prend sa dernière natte, en fait un linceul, et ensevelit l'aspirant à côté de son enfant, non sans lui donner une pensée de pieux regret.

On remarqua au cours de la guerre que les Tahitiens frappaient de préférence à la tête. La raison en est qu'à leurs yeux la tête est sacrée; que, pour abattre un ennemi, il faut l'atteindre dans ce qu'il a de plus noble. Aujourd'hui encore, l'indigène n'aime pas qu'on lui touche la tête. C'est l'offenser que de se permettre une familiarité de cette sorte. Il lui semble qu'on l'abaisse, qu'on le plonge dans les ténèbres, si par malheur on lui passe la main dans les cheveux.

Le courage militaire aime la poésie. La guerre a inspiré plus d'un « barde » tahitien. Voici un chant, une rapsodie plutôt, qui se disait sur un ton de mélopée et qui est loin d'être sans beauté :

Le Guerrier blessé.

Le guerrier blessé est étendu sur la plage de Faaa, près de Papeete.

Il attend la mort et il chante :

« Vent de *Hauïti* qui souffles de la monta-
» gne, tu m'as souvent caressé dans d'autres
» moments alors que j'étais joyeux et plein
» de force; aujourd'hui je goûte ta douceur
» qui accroît ma tristesse.

» Vent de *Hauïti*, pourquoi n'as-tu pas des

» bras pour me soutenir et me porter où tu
» avais l'habitude de me voir ? Tu ne me trou-
» veras plus peut-être au milieu des miens.

» Vent de *Hauiti*, remplace-moi quand je ne
» serai plus là ; souffle doucement et sèche les
» larmes de mes parents désolés.

» Et toi, montagne qui m'as connu dans
» mon enfance, qui m'as vu grandir, tu sais
» aussi que j'étais un homme de la montagne,
» car je t'ai défendue avec courage.

» Petite rivière où je me suis si souvent assis
» et rafraîchi, après mes courses dans la mon-
» tagne, tu as été douce et bonne pour moi. Je
» me sens mourir et je pense que je ne te ver-
» rai plus...

» Ia ora na ! »

Je livre ce morceau aux critiques littéraires qui ont pour habitude d'analyser la poésie, les pauvres ! N'est-il pas vrai qu'il y a là quelque chose de primitif, d'antique, de grand, et j'ajoute, pour parler la langue du jour, quelque chose de vécu ?

Il ne faudrait pas croire que le Tahitien, citoyen français comme vous et moi mais non soumis aux obligations de la loi militaire, ait perdu toute vertu guerrière ! En dépit d'une

échéance dont il n'est pas tout à fait l'auteur
responsable, l'indigène serait encore un bon
soldat; on en a fait l'épreuve quand il s'est agi
d'aller réprimer les velléités insurrectionnelles
des Marquises. Les volontaires se présentèrent
en foule à Papeete, on les arma, mais ils n'eurent pas un coup de fusil à tirer et s'en affligèrent. Aujourd'hui, si un péril de guerre se
montrait, on les verrait accourir pour défendre
la France, leur patrie.

La poésie non plus n'est pas morte. Voici
une petite pièce composée par mon ami Poroï,
membre du conseil privé de la Colonie, un personnage, s'il vous plaît !

TE MIHI FENUA !

(Le Regret du Pays natal.)

Aue atura te aroha
Oh ! l'amour
Ite fenua ote Aia
Pour le pays de son héritage !
Aue hoi oe ete Fana
Oh ! toi, Te Fana !
Ua taa oe i muri tau tua
Tu es loin derrière mon dos ;
Iu mua i tau aro Taiarapu
Devant ma face est Taiarapu

Amuri avai te hio eaa i tai
Si je regarde en mer depuis Muriavi
Ua farara te matai
Le vent a soufflé
Na tai mai ote maoae
De la mer, l'alizé !

Tera ata tia tai ra
Cette nue qui se dresse au-dessus de l'Océan,
Ote Maoae te aratai
C'est le vent du sud-est qui l'amène.
Tui ee atu itau aroha
Porte (l'expression de) mon amour
I tau moua ra ; Hauiti
A ma montagne de Hauiti ;
Onte Fana Ahurai
De te Fana à Ahurai,
Tavararo te mateianaa
Dans le district de Tavararo
Te otue Outuaramea
Au promontoire d'Outuaramea,
Te rapa itai Tiaine
A la pale de Tiaine vers la mer.

Ua tufaa te na i Vairaharaha
Le partage de la pluie est à Vairaharaha ;
Pu hai hau mai te matai
Le vent souffle doucement
Haumaru ote fenua nei
Le rafraîchissement de la terre.
Eo mai hoi te oto ia oe
Le regret de Toi (Te Fana) me pénètre
Na tae hoi te manao

Et pourtant ma pensée est venue
Ima ia oe e Mataiea
Sur toi, ô Mataiea !
Eriro atoa hoi ia oe
Car sur toi seront aussi
Tau manao e tau aroha
Ma pensée et mon amour.

Une traduction littérale ne fait peut-être pas suffisamment apparaître le souffle poétique qui anime ce morceau d'un bout à l'autre, mais on en découvre le sens sans trop de peine. Ce ne sont pas des vers de décadents.

VI

Intrigues de cour.—Il était une fois un roi et une reine...
— Un déjeuner chez Sa Majesté Pomaré V.

Du 4 janvier 1887, naissance de Arii Manihinihi Tevahine airanoanaai te pore o mahu, Tepau Arii i Haurai, Te vahine rereatua i Fareia Pomaré, fille légitime de Pomaré V à Tuu et de Joanna Marau Taaroa Salmon. *Is pater est quem nuptiæ demonstrant.* Dans un livre bien fait mais où l'on peut relever quelques erreurs, M. Paul Deschanel [1] a mis le public au courant des petits et des gros scandales du ménage de Pomaré V. Il a raconté que, marié un peu malgré lui à une jeune fille de la famille Salmon, le roi honoraire de Tahiti avait si peu usé de ses droits d'époux qu'en 1881, à la

---

1. *La Politique française en Océanie.*

naissance d'une fille de la reine, il en avait désavoué la paternité dans un billet qui a reçu plus de publicité qu'il ne convenait peut-être.

La situation n'a pas changé; elle s'est même aggravée, et la reine venant de donner une petite sœur à l'enfant désavouée, il s'en est suivi l'ouverture d'une instance où la reine a triomphé, le divorce ayant été prononcé à son profit.

Pomaré V est un homme de quarante ans, grand et fort, un peu gros, dont la physionomie ne manque pas de caractère. Le front est vaste et découvert, le regard expressif, sérieux et doux; le menton proéminent dénote la volonté. Le roi porte la moustache et il a assez grand air, ma foi, quand il passe son uniforme d'amiral et met sa croix d'officier de la Légion d'honneur. C'est un bon homme passablement déprimé par l'ivrognerie, qui par éclairs se retrouve roi, mais en qui le sauvage est resté. Il aime la France; il n'en aime pas moins sa terre natale devenue française et ses anciens sujets, et s'est longtemps obstiné à réclamer le maintien de vieilles prérogatives peu conformes à notre droit public comme à nos institutions.

Ce n'est pas toujours dans des revendications de cette nature que Pomaré se souvient qu'il a porté une couronne. L'autre semaine, Sa Majesté se trouvait au cercle militaire de Papeete. Un Européen connu d'elle fêtait une bonne nouvelle reçue par le courrier. On but du champagne et Pomaré voulut le prendre à son compte.

— « Non pas ! dit l'autre, j'ai commandé, je paierai. »

Devant cette insistance, Pomaré dit qu'il est le roi....

— « Il n'y a pas de roi ! » fait l'Européen.

— « Il n'y a pas de roi ! » réplique Sa Majesté, et, d'un coup de poing, Elle renverse le pauvre garçon.

La maison du roi est tenue par sa belle-sœur, la princesse de Joinville, qui passe pour sa maîtresse. Il a auprès de lui son neveu, le prince Hinoï et sa femme, la petite reine de Borabora dont j'ai déjà dit un mot. Hinoï est un charmant garçon de dix-huit ans, parlant très correctement le français et fort bien élevé. Sa femme avait treize ans quand il l'épousa. Pomaré voudrait, paraît-il, que son neveu lui succédât dans sa royauté nominale ou tout au moins dans la pension de soixante mille francs qui a été le prix de l'annexion de Tahiti. Il se leurre peut-être.

Auprès du roi vit un vieux Tahiticien, Pai a Vetea, qui a fait partie à plusieurs reprises du Conseil colonial et n'est pas étranger aux revendications politiques dont je parlais tout à l'heure. Mais la société préférée du roi est celle de quelques jeunes gens de Papeete qui savent lui tenir tête à table. C'est en leur compagnie que Pomaré s'enivre, et s'enivre à ce point qu'il lui faut toujours avoir un médecin sous la main. Tel convive est précisément son marchand de vins et sait à quoi s'en tenir sur la véracité des étiquettes dorées dont se parent les bouteilles servies sur la table de Sa Majesté. Ce roi en disponibilité fait la fête comme les rois en exil de Daudet. Il la fait à sa manière et ce n'est pas sa faute si ses compagnons de plaisir ne font pas partie du Jockey.

Il ne faudrait pas s'y tromper. Les Tahitiens aiment leur roi même déchu. Chaque année, celui-ci fait dans les districts une promenade intéressée. Pendant un mois, il va de chefferie en chefferie, assistant à des repas d'ogre et recevant les cadeaux de toutes mains, petits et gros cochons, chevaux, etc. Les himéné sont convoqués en son honneur et l'on danse, en petit comité, une upa-upa discrète.

La vieille reine Pomaré s'était fait construire à Papeete un palais qui, d'ailleurs, n'a jamais été habité ni meublé. Pomaré V loge dans l'ancien palais, celui que Pierre Loti a décrit, et qui n'est qu'une case, un rez-de-chaussée dont le salon médiocrement pourvu a pour principal ornement le portrait à l'huile, en pied, de la feue reine. Le romancier a singulièrement embelli ce palais dans la description qu'il en a faite. O poète! Le piano sur lequel le jeune enseigne jouait l'*Africaine* a des sonorités de chaudron. On ne l'ouvre guère que les soirs d'orgie...

De l'autre côté de la rue, la rue de Rivoli, s'il vous plaît ! Marau est logée dans une case beaucoup plus modeste où elle habite avec sa jeune sœur Manihini et leur mère, madame Salmon. La reine est une jolie femme dont les traits trahissent l'origine semi-israélite. Elle est spirituelle et bonne, d'une bonté un peu moqueuse, parle avec la même facilité le français et l'anglais. Elle a la grâce, pourrait-on dire, et le compliment littéraire et galant de

Sainte-Beuve serait peut-être compris, sûrement agréé.

Marau parle avec enthousiasme de Paris. Paris, ville enchanteresse !... Elle se rappelle les soirées passées au théâtre qui compensaient les dîners presque toujours officiels. Le mouvement de Paris lui a laissé une impression si vive qu'il semble que c'est hier qu'elle s'est vue, dans son peignoir de moire, aux tribunes de la Chambre ou dans une loge de l'Opéra. Elle n'a oublié ni les titres des pièces qu'elle a vu jouer ni le nom des acteurs. Elle s'amuse encore de la curiosité bête des Parisiens. « On me prenait pour une sauvage ! » dit-elle, en souriant. Manihini, elle, n'est allée que jusqu'à San-Francisco. Comme sa sœur, à qui elle ressemble beaucoup, elle a surtout retenu ce qu'elle a vu et entendu au théâtre. Au Parisien qui vient leur rendre ses devoirs, ces deux charmantes femmes posent toutes sortes de questions. Paris seul les intéresse. Cher Paris, si loin de Papeete !...

La reine vit d'une pension de cinq cents francs par mois que lui fait la France. Cinq cents francs par mois, au prix où sont toutes choses à Tahiti ! Elle est servie par quatre ou cinq femmes dont une albinos, et sort très peu. A raison de sa situation, elle ne va guère que chez sa sœur aînée, Madame Darsie, veuve en premières noces de M. Brander. M. Paul Deschanel paraît s'être quelque peu mépris quand il a fait de Mme Darsie un agent de la politique anglaise. Marau est très française. Dans son étroit salon, les officiers de la flotte sont admis à toute heure du jour. Je touche à un sujet délicat.... Du 4 janvier 1887, naissance de Arii Manihinihi Tevahine, etc. etc. J'évoque ici votre souvenir, reines aimables, belles amoureuses, dont le cœur intriguait contre la majesté, qui donniez votre blanche main à baiser et que l'on vit quelquefois descendre du trône pour encourager « la flamme » des malheureux soupirants, ne gardant d'autre couronne que celle de votre beauté et d'autre sceptre que celui de l'amour. Poëte, j'aurais fait des vers pour vous, souveraines demeurées femmes et si tendres, si fragiles.... Parisien égaré sous les bananiers de Tahiti, je ne puis, en mémoire de vous, que me montrer indulgent pour Marau.

Quinze jours avant les couches de la reine, Manihini s'est embarquée à bord du voilier qui emportait le courrier pour San-Francisco. Est-ce calomnie ou simple médisance? On cherchait une raison à ce voyage et l'on en trouvait plusieurs. La chronique galante de Papeete a toutes les cruautés! En ce pays on ne croit à la vertu d'aucune femme. La Nouvelle Cythère n'est-elle pas la terre promise de tous les Chérubins de l'École navale? Sans doute, Manihini si rieuse, si séduisante, a dû troubler plus d'un cœur. A-t-elle donné le sien? Et ce voyage en Amérique n'est-il que la plus opportune des absences? Je ne puis le croire.

La reine et sa sœur parlent avec passion de Tahiti. Aucune terre n'est plus belle à leurs yeux que celle-ci; nulle part la nature n'est plus imposante. Elles recevaient un jour la visite d'un jeune Français, très jeune et très pessimiste, de ce pessimisme particulier au boulevard et aux restaurants de nuit, et qui avouait s'ennuyer mortellement à Papeete. Il fallait les entendre se récrier toutes les deux! Le pauvre garçon baissait la tête sous une averse de moquerie féminine. Pour se tirer de là il fit une diversion. « Est-ce que Votre Majesté ne désire pas revoir Paris? » S'adressant à Manihini : « Et vous, mademoiselle, n'irez-vous pas aussi ? » Il n'importe : on ne lui a jamais pardonné. C'est que sous ce soleil dont les ardeurs ne s'éteignent jamais, il n'y a pas de pessimisme possible. Le Tahitien fait mentir Schopenhauer comme jamais philosophe n'a menti. Il croit à la vie comme il croit à l'amour. Que ceux qui ont empoisonné la liqueur dont il s'enivrait en portent la peine ! Son esprit n'en est point obscurci et son âme a plus de naïveté encore que de corruption. C'est pourquoi aux réflexions moroses d'un vieillard de vingt ans tel qu'en produit la vie de Paris, les deux aimables femmes répondaient gaîment avec une moue railleuse où il entrait bien un peu de pitié.

Nous ne sommes plus au pays de la névrose quand le soir, à la musique, passant près d'un groupe étendu sur une natte, nous entendons des éclats de rire et les voix un peu fortes de Marau et de Manihini qui, tout en s'éventant, écoutent les propos des officiers de marine faisant leur cour. Sur cette natte, on parle à la fois français, anglais et tahitien. Tout le monde est couronné de tiaré...

En face, au Cercle militaire, Pomaré boit quelques bouteilles, résigné, indifférent, plutôt...

Le roi m'a fait la surprise de m'inviter à déjeuner à sa maison de campagne. J'ai accepté. On n'a pas tous les jours l'honneur de manger avec une Majesté même déchue. A dix heures du matin, j'ai trouvé une petite voiture attelée d'un cheval poussif qui m'a conduit en une demi-heure à Arue.

La case du roi est spacieuse. Sa Majesté se tenait dans un salon tapissé en clair et orné des portraits de tous les amiraux ou gouverneurs qui ont passé à Tahiti. Elle a eu la bonté de me présenter à deux personnages, le Gouverneur et le Directeur de l'intérieur, et à quelques dames de commerçants de Papeete. Parmi les hommes, il y avait le marchand de vins, le boucher, le médecin et le notaire du roi, plus votre serviteur. Le médecin est un excellent homme, compatriote de M. Grévy, un des Français les plus estimés de la colonie. Il y avait aussi quelques chefs de districts, grands gaillards qui ne paraissaient pas autrement gênés dans leur redingote et dans leurs souliers que nos paysans endimanchés.

A onze heures, nous passons dans la salle à manger décorée de feuillage avec un art et un goût particuliers à ce pays. Les murs disparaissent sous les feuilles de cocotier. Aux solives du plafond s'enroule en rubans légers la seconde écorce du purau, bourao, et flottent des bouquets d'herbe jaune ou verte. L'aspect général est très frais.

Le déjeuner a été préparé par Renvoyé, le Potel et Chabot de Papeete, mais la princesse de Joinville, qui veille à tout, a pris soin d'y ajouter les fruits et les légumes du pays. Voici des *mayoré*, fruit de l'arbre à pain, de la dimension et de la forme d'une noix de coco et dont la chair un peu filandreuse rappelle mais de très loin la pomme de terre. Voici le *taro*, une racine que l'on cultive dans les marais et qui n'est pas sans analogie avec une purée de châtaignes, une odeur nauséabonde en plus. Voici encore des *féï*, banane sauvage, dont l'intérieur a l'apparence d'une purée de carottes. Je me fais nommer ces mets et je tente de les goûter. Le rôle de voyageur a de ces désagréments. Je trouve tout cela détestable. Je me rattrape sur les chevrettes, écrevisses, que, pour mon malheur, accompagne un odieux carry. Puis ce sont des ragoûts de poulets où l'on a accommodé toute une basse-cour, et enfin de petits cochons de lait. Au point de vue plastique, rien à dire contre le petit cochon de lait. Il paraît, couché sur le flanc, dans l'attitude d'un ange endormi, brun, doré, luisant. On en mangerait. Hélas! c'est une nourriture que je ne recommande pas aux mauvais estomacs, ni aux bons. Pendant six mois, il m'a fallu subir un certain nombre de fois ce célèbre petit cochon de lait qui est le mets national par excellence, et dont la chair flasque et sans saveur a perturbé tout mon individu.

La cave de Pomaré V est sans valeur, exception faite d'un vin du Jura qui lui arrive par l'intermédiaire du docteur. Pour champagne on nous sert une sorte de vin blanc ou de cidre mousseux, une boisson pétillante où la chimie est pour beaucoup. Pendant que Sa Majesté et le Gouverneur échangent des toasts, je bois de l'eau. Café et liqueurs assortis, et je m'esquive après avoir serré la main du roi dont le bon sourire me gagne.

Les repas entre hommes ont une autre physionomie et tournent fréquemment à l'orgie, à ce qu'on raconte. A un moment donné, quand les convives commencent à sentir les effets de l'ivresse, entrent les *vahiné*, les femmes du hama du roi, son sérail ambulant. Les chants et les danses obscènes, l'ute et l'upa-upa, se succèdent. Pendant deux ou trois jours, Sa Majesté reste au lit, malade d'indigestion et brûlée d'alcool, anéantie, paralysée. A voir Pomaré V, dans sa correction officielle, assister à la revue du 14 juillet, et prendre quand il le faut l'attitude à la fois affable et digne des souverains véritables, on ne soupçonnerait pas le viveur...

VII

La vie à Papeete.— Comment on y mange.— Colons, fonctionnaires, marins et soldats. — L'amiral Marcq de Saint-Hilaire.— Bals et soirées. —Effet de lune.— Inquiétudes patriotiques. — Le tour du Bois. — Le Sémaphore.

On prend plaisir à lire la chronique de la vie à Paris, et, quand l'occasion s'en présente, on se distrait à la peinture des mœurs de province. La petite ville avec ses intrigues et ses scandales nous a valu d'admirables chapitres de Balzac et de Flaubert. La vie coloniale attend encore son historiographe et son roman d'analyse. Elle est pourtant curieuse à bien des titres l'existence que mènent nos marins, nos officiers et nos fonctionnaires dans ces îles ou sur ces coins de terre plus ou moins perdus où flotte le drapeau national! Les conditions de la vie y sont si différentes, les conventions sociales si atténuées, les préjugés si contraires, qu'à grand'peine on retrouve dans ces groupes épars les traits essentiels à la race, sauf peut-être la galanterie et la générosité.

On ne parle jamais des colonies sans évoquer quelques images un peu usées : « végétation luxuriante des tropiques, climat de feu, magnificences de la flore équatoriale » et autres formules descriptives destinées à échauffer l'imagination en même temps qu'à donner une idée relative de l'élévation de la température. La réalité est faite d'une autre prose mêlée de chiffres, hélas! Servir son pays au loin coûte cher, et qui peut dire de combien d'épreuves morales ou physiques est semée la vie coloniale!

Les hasards de mes pérégrinations m'ont conduit à l'autre bout du monde, dans cette Océanie vantée, la terre d'élection des amours faciles où les Français sont chéris pour eux-mêmes et qui nous apparaît dans les livres comme un paradis terrestre.

Trop de soleil, trop de bleu. Que ne donnerait-on pas pour un ciel gris! On est vite las de tant de splendeur et l'on s'ennuie mortellement de cette belle nature. Et puis, à Tahiti comme en beaucoup de pays, les hommes gâtent la terre.

Je ne parle pas des Tahitiens qui valent mieux que nous, mais ils sont là quelques centaines de Français qui font très mauvais ménage et passent leur temps à se décrier les uns les autres. Le marchand pratique une usure qui le venge de l'impôt trop lourd dont vit le fonctionnaire, et celui-ci meurt de misère...

Quel chapitre à écrire sous ce titre: La vie à Papeete!

Papeete, le chef-lieu, est un joli village dont les cases s'étendent sur la plage au fond d'une belle rade aux eaux calmes et transparentes, peuplées de poissons rouges, bleus, jaunes ou verts. Cette mer bleue fait avec l'horizon bleu un fond uni sur lequel se découpent avec leur mâture et leur artillerie les vaisseaux de guerre, vus de profil ou de face, les uns blancs comme la maison des champs moins les contrevents verts, les autres noirs et sinistres, tous menaçants mais coquets toujours.

Sur la plage, les cases dispersées au milieu des jardins au bord des quais plantés d'arbres, les édifices, le gouvernement, le palais du roi, l'hôtel du directeur de l'intérieur, l'église catholique, les temples protestants, constructions plus ou moins décoratives. Au second et au troisième plan, les collines et les montagnes couvertes de brousse, plus inaccessibles que le roc aride et nu. Tout cela reçoit la lumière crue du soleil aveuglant sous ce ciel trop pur, ou prend des teintes adoucies et fondues dans les crépuscules féeriques et trop courts de ces lieux enchantés.

Voilà le cadre. Voyons les personnages. Le marin, l'officier de vaisseau, ne fait que passer. Il contemple, il aime, il jouit, indifférent à tout le reste, se sature du monoï dont les belles Tahitiennes se parfument ou s'empestent les cheveux, et trouve Tahiti charmant entre le Sénégal et le Tonkin.

L'officier d'artillerie et d'infanterie de marine coudoie davantage les colons, surtout s'il est marié. Quant au fonctionnaire, il est aux prises avec toutes les coteries et les mécontente toutes, sans y mettre la moindre malice.

Ici les disputes personnelles prennent aisément le caractère de guerres de religion. A Tahiti subsistent, en effet, des querelles ecclésiastiques, avivées par des ambitions politiques et des compétitions d'intérêt. Les missionnaires y sont autant des hommes publics que les ministres ou les apôtres d'un culte ou de l'autre. La population française est tout entière catholique ; la population tahitienne est tout entière protestante.

Les uns et les autres veulent à tout prix s'entreconvertir, et ce sont des rivalités aiguës, de sourdes intrigues dont l'administration, prise entre deux feux, paie les frais. Il y a des jours où l'on se croirait retourné au seizième siècle, au temps des guerres de religion, de Montluc et du baron des Adrets, bien qu'au fond la religion soit pour les meneurs plus un prétexte qu'autre chose. La colonisation n'en va pas mieux.

Nous sommes dans une minuscule cité de province ou dans la capitale exiguë de quelque principauté italienne. Quinze cents Français vivent ici, ramassés, agglomérés, se heurtant et se froissant à toute heure de la journée, sans avoir la ressource d'aucune distraction intellectuelle, et d'ailleurs peu portés aux plaisirs de l'esprit.

Imaginez ce que peuvent être les relations sociales dans un monde d'anciens matelots devenus commerçants et d'ex-sous-officiers devenus fonctionnaires. On a affaire, au fond, à de braves gens, à de très bons Français, dont le cœur bat au nom de Patrie, pour qui l'étranger n'est pas seulement le passant, le touriste, mais l'ennemi ; on se persuade tous les jours qu'ils sont meilleurs qu'ils ne disent et qu'à tout prendre ils se calomnient les uns les autres ; on rêve de les réconcilier sans songer que l'oisiveté, mère de tous les vices, a bien pu engendrer la diffamation à outrance.

La vie n'est point réglée comme à Paris. Par vingt-huit ou trente degrés centigrades de chaleur, on travaille plus volontiers le matin. Les magasins et les bureaux s'ouvrent à sept heures et se ferment à dix pour se rouvrir à une heure et se clore définitivement à cinq. L'activité n'y est pas considérable. Il fait si chaud ! D'ailleurs, en dehors des jours d'arrivée ou de départ des courriers, il se fait peu d'affaires, et il faut, pour surexciter les marchands et les acheteurs, l'annonce de quelque fête officielle. Dans la rue, on prend le pas colonial, lent et mesuré, en vue d'éviter le plus possible la transpiration. Dans les maisons, on s'accoutume aux poses paresseuses des indigènes ; des vêtements de drap, on passe aux vestons de coutil ; quelques-uns finissent par prendre le pareu. On a vu des colons adopter le costume chinois, d'autres s'habiller en mauresques.

La vie est chère à Papeete plus qu'en aucun lieu du monde, peut-être. La raison en est qu'à l'entrée les marchandises paient des droits élevés, qui s'ajoutent au coût du transport. Une barrique de vin qui vient de France s'achète un bon prix quand elle a acquitté le montant du fret et reçu l'estampille de la douane. Le fromage de gruyère et les pommes se vendent au poids de l'or. Chaque mois, à l'arrivée du courrier de San-Francisco, on se précipite sur ces précieuses denrées et le stock en est vite épuisé. Et les pommes de terre ! Que de bassesses et de sacrifices pour en avoir une caisse ! L'Européen a beau faire, il a toutes les peines du monde à s'habituer aux aliments indigènes. On lui démontre en vain que la patate douce, avec son goût sucré, vaut la pomme de terre, que le huru ou mayoré est supérieur à la même pomme de terre, que le taro vaut la polenta, la plus délicieuse purée de châtaignes. Il ne s'accommode pas des vertus que l'on prête à ces produits de Tahiti.

On trouve des volailles et des œufs à Papeete, mais à quel prix ! Les œufs les plus petits s'y paient cinq sous la pièce. Grâce aux Chinois on peut avoir un chou pour cinquante centimes. Parlons des Chinois. Sans deux cents Chinois dont les négociants français n'ont pu obtenir l'expulsion, on ne mangerait ni salade ni légumes frais à Tahiti. L'esprit de concurrence a bien inspiré l'idée que l'usage de ces denrées pouvait donner la lèpre, mais comment résister à l'attrait d'une nourriture où il n'entre aucun ingrédient chimique? On se fatigue si vite des conserves! Avec cela il y a des anomalies inexplicables. On cultive la canne à sucre à Tahiti, et le sucre s'y vend deux francs le kilogramme. Et les vêtements, le linge!... Et les loyers!...

Plus d'un fonctionnaire a laissé des dettes, faute de pouvoir joindre les deux bouts. Il lui fallait avoir cheval et voiture, assister périodiquement aux réceptions du Gouverneur, acheter à sa femme des robes de soirée ou de bal, se vêtir et vêtir ses enfants convenablement, et se nourrir. En dépit des privations, son budget se trouvait en déficit, et, quand une décision du Ministre l'a envoyé dans une autre colonie, il a dû déléguer une partie de ses appointements aux fournisseurs dont les notes étaient restées en souffrance.

J'en ai vu que la misère avait déprimés d'une façon singulière. Ils avaient pris leur parti de la situation diminuée qui leur était faite, dépensant le cinquième de leur solde au cercle, se montrant dans toutes les fêtes, et mangeant en secret le pain de l'indigence, vivant de la ration, eux et leur famille. Que de misère navrante sous le frac galonné de tel ou tel à qui l'État alloue cinq cents francs par mois, sauf déduction de la retenue pour la retraite !...

Quant aux négociants, anciens marins de l'État ou du commerce, anciens soldats ou sous-officiers de l'armée de mer, si quelques-uns ont une vie dispendieuse, les consommateurs font les frais de leur luxe. Les Anglais, les Américains, les Allemands donnent l'exemple. Ils affrètent des navires, travaillent chacun de leur côté à accaparer l'approvisionnement public. Autant qu'ils le peuvent, les Français font tourner à leur profit les mesures administratives suggérées par les besoins de la Colonie. Je parlerai plus tard des débitants !...

Voilà donc la société de Papeete, colons, fonctionnaires, officiers, marins et soldats, négociants, ayant des mœurs et des habitudes si diverses qu'il n'en peut résulter que des conflits latents et souterrains; divisés entre eux jusqu'à se déchirer par parole et par écrit, le colon ennemi du commerçant, le Commissaire de la marine envieux du Directeur de l'intérieur, le marin dédaigneux du soldat, se décriant les uns les autres à plaisir et à mort.

En temps ordinaire, la vie à Papeete est fort triste. On y digère sur des cancans et sur des articles de journaux qui ne valent pas la salive ou l'encre qu'ils ont coûtées. On y joue quelque argent aux cartes ou autrement, dans les cercles ou dans les cases des Chinois; on y prend l'absinthe et le vermouth comme dans la première ville de garnison venue; le jeudi, la fanfare locale fait résonner ses cuivres et c'est tout.

Mais depuis plus d'un an, l'amiral Marco de Saint-Hilaire, commandant la division navale du Pacifique, a choisi la rade de Papeete pour point d'attache et de ralliement, lui donnant ainsi la préférence sur les capitales si intéressantes des Républiques sud-américaines, Valparaiso, etc... Le commerce de Tahiti s'est ressenti de cette aubaine et la physionomie du chef-lieu s'est sensiblement modifiée. Trois fois par semaine, la musique de l'amiral joue à terre. Le dimanche de deux à quatre heures, les Tahitiens et les Tahitiennes sont admis à visiter le *Duquesne*, croiseur de premier rang qui porte le pavillon de l'amiral, et que commande le capitaine de vaisseau Fournier, l'habile négociateur de Tien-Tsin. Pendant cette visite, la musique joue les airs de danse les plus entraînants. Le coup d'œil est fort joli des canots remplis de femmes et de jeunes filles aux peignoirs voyants. Ils glissent doucement sur la mer, paisible et unie comme un lac.

L'amiral est venu jadis dans la Nouvelle Cythère, il y a bien longtemps de cela, comme aspirant de marine. Il aime beaucoup le pays et ses habitants et ne laisse jamais échapper l'occasion de leur témoigner une sympathie plus désintéressée peut-être que celle que ses officiers montrent aux habitantes. Toujours est-il que les Tahitiens rendent à l'*atimarara* affection pour affection.

On danse beaucoup à Papeete, chez le Gouverneur, chez le Directeur de l'intérieur, chez le Président du Conseil général, et à bord des vaisseaux de guerre comme le *Duquesne*.

Le bal que j'ai vu à bord du *Duquesne* a été des plus brillants et des plus originaux. Sur l'avant du croiseur, une tente abritait une salle de dix-huit mètres de long, décorée de pavillons de toutes les couleurs, et éclairée de lustres fabriqués avec des pistolets et des fusils hors d'usage. Des scaphandres bardés de fer-blanc jouaient à s'y méprendre des chevaliers aux brillantes armures. Un peu partout des ancres et des panoplies où le sabre d'abordage avec sa garde massive tenait la plus grande place. Cela se détachait sur un fond de verdure habilement disposé. Les canons d'acier au repos étaient enguirlandés comme des mirlitons. Dans un espace réservé se tenait le chœur, l'himéné de Taunoa donné à l'amiral par Pomaré. Jeunes filles et jeunes garçons, ceux-ci la chemise flottante et immaculée, celles-là en long peignoir blanc, des couronnes de fleurs dans les cheveux, chantaient dans l'intervalle des danses des hymnes de circonstance. Accommodée au rythme bizarre de l'himéné, exécutée par ces voix aigües ou rauques, la *Marseillaise* était devenue une tyrolienne quelconque.

Le public était très mélangé. Il faut ici beaucoup d'indulgence et l'amiral n'en manque point. De jolies Tahitiennes avaient été invitées, beaucoup de demi-blanches. Quelques-unes étaient venues pieds nus et ne paraissaient point trop honteuses dans leurs peignoirs de satin, de soie ou de velours couverts de broderie. Très galamment, l'amiral leur offrait le bras pour les conduire au buffet, et ne leur épargnait pas les compliments dans la langue tahitienne qu'il parle comme un enfant du pays. Quelques-unes avaient apporté ou amené leurs bébés, de gentils visages bruns aux yeux vifs, aux lèvres bien dessinées, des amours de Boucher avec une autre teinte. Après le souper, on vit, selon la coutume, les Tahitiens et leurs femmes emporter les restes dans leurs mouchoirs. Tous les chefs de district assistaient au bal dont le moindre attrait ne fut pas un feu d'artifice tiré en mer, à une heure du matin.

Dans l'intervalle des danses, *la flirtation*. Le *Duquesne* avait accosté et relié son pont au quai par une passerelle. De la dunette on jouissait d'un triple spectacle. A terre, la population aux vêtements multicolores se tenait bruyante, dans les avenues illuminées qui conduisaient au croiseur. On eût dit quelque chose comme une fête foraine en France avec le charme très-particulier du lieu en plus. Sur le pont, les plus belles toilettes de Papeete se mariaient aux uniformes militaires ou civils et la musique faisait rage. Du côté de la mer, c'étaient l'étendue et le calme. Sous la clarté pâle de la lune, l'Océan dormait : un peu d'écume aux récifs avec un bruit lointain et sourd, et, tout au large, le profil assombri de Moorea.

Un bal organisé par la population en l'honneur de l'amiral Marcq de Saint-Hilaire a offert une physionomie un peu différente. Les commissaires ont procédé « à l'instar de Paris, » et se sont appliqués à éliminer toute couleur locale. Il sont improvisé une salle immense l'ont décorée, meublée, éclairée à peu près comme peut l'être à Paris la salle des fêtes de l'Hôtel de Ville quand le conseil municipal y donne des fêtes. Sans les Tahitiennes ou demi-blanches de distinction, sans Marau, remise de ses aventures maternelles, on se serait cru tout aussi bien à Rouen ou à Bordeaux qu'à Papeete. L'intérêt de la fête était d'ailleurs moins dans son éclat que dans la pensée qui l'avait inspirée et que résumaient ces mots, tracés sur un transparent au-dessus d'un arc de triomphe : « *Honneur et Patrie. A l'amiral Marcq de Saint-Hilaire et aux États-Majors de la Division navale du Pacifique, la population française de Tahiti.* » Cela se passait dans des circonstances sur lesquelles il est bon d'insister. Depuis un mois et plus on vivait sur des bruits de guerre entre la France et l'Allemagne. Un vapeur qui prend quelquefois le courrier n'était pas arrivé à la date fixée..... Où en était-on ? Que se passait-il là-bas ? Le journal *l'Océanie française* publiait des articles émus et solennels et une inquiétude patriotique régnait dans les âmes.

Il faut que l'on sache que Tahiti est à cinq mille lieues de France et que l'on n'y reçoit des nouvelles du monde civilisé ou prétendu tel qu'une fois par mois. On ne s'imagine pas ce que peut être, pour un Parisien accoutumé à recevoir des lettres à toute heure de la journée, cette pénurie de correspondance. J'ai dans l'idée que Napoléon est mort de silence à Sainte-Hélène bien plus que d'un squirrhe à l'estomac. Au point de vue de la vie intellectuelle et morale avec ses palpitations et ses fièvres, ses épreuves et ses jouissances, Tahiti est un tombeau. On y soupçonne la vapeur; on n'y connaît pas l'électricité. C'est par navires à voiles que se fait le courrier ! En 1888 !...

Les nouvelles les plus récentes sont celles qu'apportent les journaux de la Nouvelle-Zélande, vieux de trois semaines quand on les dépouille à Papeete, et dont les dépêches portent à ce point l'estampille anglaise que presque toutes elles pourraient se traduire librement par un sinistre : « Finis Galliæ ! »

Il n'est pas de bruit malveillant, de rumeur malheureuse pour la France et son gouvernement qui ne prenne, en passant par cette voie, la tournure d'un fait accompli et sur lequel il n'y a plus à revenir. On espère que cette situation changera, l'isthme de Panama une fois percé et vraiment il ne sera pas trop tôt. Il faut se hâter de rapprocher de la Mère-Patrie cette colonie qui est l'escale indiquée entre la vieille Europe et la jeune Australie.

Tout blasé qu'il soit de manifestations officielles, l'amiral Marcq de Saint-Hilaire a laissé paraître une certaine émotion quand, répondant au toast du maire de Papeete, au souper qui suivit le bal, il a fait allusion à l'heure où la Patrie demanderait à ses enfants de verser de nouveau leur sang pour la défendre.

La vie à Papeete a repris son allure ordinaire. Le soir, les magasins et les bureaux fermés, les voitures de style américain et les chevaux de performance tahitienne, les véhicules aussi médiocres, que les attelages se croisent dans l'avenue de la Fautaua plantée jadis par M. de la Roncière. Le comte de la Roncière, élève à l'Ecole de Saumur, avait été condamné à dix ans de travaux forcés pour avoir violenté une jeune fille dans des circonstances particulièrement odieuses. Son crime ayant passé pour un péché de jeunesse, il ne fit pas sa peine jusqu'au bout. Sa famille le fit voyager, et l'empereur le nomma Commissaire, c'est-à-dire gouverneur à Tahiti. Là, il tenta un coup d'Etat qui devait faire de lui le premier ministre de la reine Pomaré IV. Les magistrats français voulurent résister. Il les emprisonna ou les déporta. Cela se passait en 1870. On connut la vérité à Paris plus tôt que ne le pensait La Roncière qui fut destitué avant d'avoir réalisé ses projets aussi bizarres qu'ambitieux. Avec ses arbres immenses, ses épais fourrés et ses clairières, l'avenue de la Fautaua c'est le Bois pour le Tout-Papeete. Non loin de ses ombrages court une eau limpide où les tritons de la flotte se baignent avec les naïades de la Nouvelle Cythère. Mythologie à part, l'endroit est charmant et porte à la rêverie. L'avenue débouche sur la mer et l'on quitte la demi-obscurité de cette magnifique voûte de verdure pour l'éblouissement des admirables couchers de soleil qui incendient le ciel.

La grande distraction est d'observer le sémaphore, une distraction émouvante où l'imprévu a la plus grande part et qui devient presque un jeu de hasard. Ces boules blanches groupées autour d'un mât planté au premier plan des collines vertes, c'est toute la vie de Papeete : les navires qui entrent apportant le pain quotidien, la farine de San-Francisco, et les nouvelles de France, les lettres déja vieilles des êtres chers que l'on reverra s'il plaît à Dieu, et quand !...

VIII

La politique à Papeete. — La presse. — L'annexion et les réserves. — M. Caillet. — Défenseurs et débitants — La politique étrangère. — Le délégué de Tahiti et le suffrage universel.

C'est bien la peine de courir aux antipodes pour fuir l'odieuse politique, ce qui nous divise le plus! A Tahiti, à Papeete, on retrouve des partis qui ont des effectifs de coterie et des passions de factions, de factions ennemies et furieuses. On ne se hait point à demi sur cette terre volcanique. Il s'est fondé depuis quelque temps un journal qui prêche l'union et qui fait rire quand on sait à quoi tiennent tant de ressentiments. On peut, sinon concilier, du moins apaiser les querelles religieuses ; les compétitions d'intérêts jamais ! Et ici, comme partout ailleurs, davantage même, les intérêts bien plus que les opinions sont en lutte sous le couvert de la politique.

Il y a un Conseil général qui tient ses séances le soir pour le grand amusement de la population privée de spectacles. Dans une petite salle enfumée de pétrole, une douzaine de citoyens délibèrent sous la présidence d'un négociant notable et en présence du Directeur de l'intérieur. Le public a accès dans la salle et lie familièrement conversation avec les représentants du peuple. Ceux-ci sont pris dans toutes les professions : menuisiers, boulangers, horlogers, marchands de vins, épiciers, bouchers, etc. Deux ou trois défenseurs qui sont à peine bacheliers et se donnent du Maître un Tel, deux ou trois officiers de vaisseau qui ont pris leur retraite à Tahiti, voilà pour les professions libérales.

On en entend de drôles. Le boulanger demande la parole. Il tient à la main le budget de la Colonie et constate avec douleur que les recettes prennent deux pages seulement tandis que les dépenses en occupent vingt-huit! Tout le monde de rire. Un autre se plaint que l'administration laisse dire du mal du Conseil général et propose de faire venir à la barre de l'assemblée les gens assez mal inspirés pour le décrier, lui et ses collègues. Le Directeur de l'intérieur est interpellé au sujet du bel uniforme brodé d'argent qu'il arbore dans les solennités officielles, et s'excuse du mieux qu'il peut de ce travestissement.

L'esprit général de l'assemblée rappelle celui du Conseil municipal de Paris. Guerre à l'administration ! Mort à la police ! Plus de porteur de contraintes ! s'écrie l'un. A bas le Directeur de l'intérieur ! jure l'autre. Pratiqué dans ces conditions, le parlementarisme devient une chose assez plaisante. Soyons équitable. La bonne volonté ne manque pas à la majorité et le patriotisme non plus, mais l'expérience. Ce Conseil général est né d'hier. Il a besoin de faire l'apprentissage de la modération aussi bien que celui des affaires, et j'ajourne ses détracteurs à dix ans.

Il paraît trois journaux à Papeete. Ils ont le format du *Petit Journal*, sont hebdomadaires, et se vendent cinquante centimes le numéro. Tout est si cher ! Ces trois organes du quatrième pouvoir sont : le *Messager de Tahiti*, l'*Océanie française*, et la *Cloche*. Les deux premiers seulement ont quelque valeur. L'un attaque l'administration et l'autre la ménage.

A l'instar de Paris, Papeete a ses autonomistes dont le *Messager* est l'organe peu ou prou convaincu, et, sans trop savoir pourquoi, des conseillers généraux « revendiquent » pour Tahiti des institutions analogues à celles des colonies anglaises. Pour le parti de l'autonomie administrative, c'est des bureaux de la Direction des Colonies, à Paris, que vient tout le mal. A qui la faute si l'agriculture et l'industrie sont dans le marasme, sinon à ces odieux bureaux où l'existence même du *Messager* est d'ailleurs ignorée, m'assure-t-on ?

L'autonomie administrative n'est qu'un des passe-temps des politiciens de Tahiti. De plus graves questions les préoccupent, et je suis bien forcé de revenir au livre de M. Paul Deschanel pour rectifier des erreurs d'autant plus pardonnables que l'auteur de la *Politique française en Océanie* n'a jamais mis les pieds en Océanie.

La France est à Tahiti depuis 1842 et son protectorat, qui datait du 25 mars 1843, a pris fin le 29 juin 1880, date à laquelle le roi Pomaré V a cédé à la France tous ses droits, moyennant une petite pension de soixante mille francs et quelques menus cadeaux.

En vertu de l'acte d'annexion, Tahiti et ses

habitants sont devenus français, électeurs comme vous et moi. C'est le commandant Chessé qui eut la bonne fortune d'obtenir la signature de Pomaré V et des chefs de districts. Dans sa hâte d'arriver à ce résultat depuis longtemps désiré, le négociateur dut accepter certaines réserves qui, sans annuler l'annexion, en réduisaient un peu la portée. Ces réserves avaient trait aux prérogatives des chefs et des Conseils de districts. On devait leur conserver des attributions judiciaires fort modestes mais dont le maintien n'était guère compatible avec l'organisation d'une colonie française. Tout heureux de la célébrité que pouvait lui valoir l'annexion, M. Chessé eut le tort d'exagérer à Papeete la signification de ces fameuses réserves tandis qu'il s'attachait, dans sa correspondance avec le ministère de la marine à Paris, à en diminuer l'importance véritable.

Ce fait n'a pas été mis suffisamment en lumière par M. Paul Deschanel dans son livre. Il avait sa gravité cependant. Tant qu'un acte nouveau n'était pas intervenu, tant que les réserves n'avaient pas été abolies d'un commun accord, il subsistait dans les relations entre l'administration et la population un malentendu fâcheux.

L'administration actuelle a entrepris de restituer à Tahiti son ancienne vie politique, de rendre le souffle à ses orateurs, en transformant les districts en communes s'administrant elles-mêmes sous son contrôle. En échange de ces attributions précieuses, les Tahitiens ont renoncé sans trop de peine au bénéfice des réserves.

C'était là, au dire des personnes les plus autorisées, une affaire de loyauté. Tout ce que l'on pouvait tenter par surprise ou par menace pouvait échouer misérablement. Je sais bien que, d'un autre côté, on attribuait les résistances du roi moins à une conviction personnelle et raisonnée qu'aux conseils de son entourage. On allait plus loin. On prétendait que ce n'étaient pas seulement des Tahitiens qui l'encourageaient à ne point abandonner les réserves mais des Français, et des plus honorables.

On m'avait nommé à ce propos M. Xavier Caillet, lieutenant de vaisseau en retraite, ancien directeur des affaires indigènes. Je me suis fait présenter à M. Caillet et j'ai eu avec lui plusieurs conversations intéressantes. C'est une physionomie curieuse que celle de cet officier de marine qui a fait de Tahiti sa terre d'élection.

Il porte sur le visage des marques de son courage : dans un incendie, il a eu les deux yeux brûlés, et c'est miracle s'il n'a point perdu complètement la vue. Plus tahitien que les Tahitiens eux-mêmes, M. Caillet se demande de quel droit on prétend les civiliser et quelle civilisation on leur apporte. Il impute la dégénérescence de la race à la présence des papâa et ne ménage pas les duretés aux missionnaires. En convertissant les indigènes au christianisme, on les a persuadés de ne point se contenter pour vêtement de la tapa, sorte de tablier de la dimension d'une feuille de vigne. Ces conseils ont été suivis. L'indigène s'est habillé et il a renoncé à s'enduire le corps d'huile de coco, ce qui pourtant le préservait beaucoup mieux des chauds et froids que le calicot de la civilisation. C'est par là que la phthisie a pris ces hommes et ces femmes jadis si beaux et si robustes. Telle est la théorie de M. Caillet, qui professe en outre que l'alcoolisme et toutes sortes de maladies seraient encore inconnus à Tahiti si les Européens ne s'y étaient jamais montrés. Ainsi que tous les paradoxes celui-là touche à la vérité comme la tangente à la circonférence, par un point. M. Caillet ne s'arrête pas en si bon chemin : « Que faisons-nous ici ? me dit-il. Ce pays est sans avenir. Il ne pourrait produire assez pour l'exportation que si on laissait certains colons exploiter à leur gré les Tahitiens qui valent mieux qu'eux. Pourquoi voulez-vous apprendre le français aux indigènes? On leur donne des droits et des lois qu'ils ne comprennent pas et dont ils n'ont que faire. Avant Cook et Bougainville, *nous* avions des institutions parlementaires, des orateurs..... » J'interrompis mon interlocuteur sur ce *nous* qui attestait sa naturalisation tahitienne. Il sourit et se lança dans une sortie très animée contre la rapacité et les méfaits des colons auxquels il venait de faire allusion. Et, passant à un autre ordre d'idées, il entreprit de me démontrer que l'on avait dépensé en pure perte beaucoup de temps et d'argent pour convertir les indigènes du protestantisme au catholicisme.

M. Caillet vit au bord de la mer sur une plantation dont il a abandonné la moitié à son fermier. Il partage son temps entre les mathématiques et la direction de l'himéné des Atiu, une colonie d'indigènes des îles Cook, qui ont un village près de Papeete. J'allais oublier de dire qu'il fait partie du Comité de surveillance de l'Instruction publique, et qu'il correspond avec plusieurs sociétés de géographie. C'est un aimable vieillard bien que têtu comme un Breton qu'il est, et, s'il se trompe, c'est de si bonne foi que son erreur en devient respectable. Elle a d'ailleurs pour point de départ une probité trop absolue pour se concilier avec la raison d'Etat. Et puis, si M. Caillet tenait plus que Pomaré lui-même aux réserves, c'est qu'il avait signé à l'acte d'annexion, et porté la parole pour expliquer aux Tahitiens ce que l'on voulait d'eux ainsi que les engagements que l'on prenait à leur égard.

On ne saurait parler de la politique à Papeete sans consacrer quelques lignes aux défenseurs et aux débitants, ces deux fléaux de la colonie. En elle-même, la profession de défenseur est honorable, et il s'en faut que tous ceux qui l'exercent soient des hommes nuisibles. Il y a de bons avocats s'il y en a de mauvais. Les uns défendent la veuve et l'orphelin ; les autres prennent les intérêts de la veuve et le capital de l'orphelin. A Tahiti, le défenseur est en même temps un homme d'affaires. Il se mêle de tout et à tout, et la confusion des lois tahitiennes et du Code civil lui fait la partie belle. La propriété n'étant pas encore délimitée, les contestations sont fréquentes. Le Tahitien est processif. Il dit volontiers, même quand il n'a aucun droit sur la terre qu'il revendique : « Essayons ! » On peut juger par là s'il est facile à un défenseur de provoquer des procès. Et l'on se doute bien que ce n'est pas parmi eux qu'il faut chercher des partisans d'un état de choses mieux défini que celui qui existe présentement.

Il est bon de dire qu'à la longue, les Tahitiens se sont aperçus qu'insensiblement leurs terres leur échappaient, mangées par les procès et ils ont conçu quelque défiance des défenseurs. Ceux-ci font cependant de bonnes affaires et réalisent encore des gains sérieux. Ils se font élire au Conseil général pour la plupart, et leur éloquence fait merveille dans les luttes de la tribune.

Après les défenseurs, les débitants. Le marchand de vins, empoisonneur patenté, fait ici fortune en peu d'années. Il vend du vitriol pour du rhum, du bois de campêche pour du vin, de l'eau-de-vie de betterave pour du genièvre, trompe sur la quantité comme sur la qualité, est bien vu de la police et des conseillers généraux parce qu'il est une puissance électorale, et se moque des lois. C'est chez lui que le Tahitien et la Tahitienne viennent acheter la démence en bouteilles ; c'est grâce à lui que le : « Qu'ils crèvent ! » d'un assimilateur à outrance sera bientôt une réalité. Le défenseur prend la terre de l'indigène et le débitant sa raison et sa vie. Il y a entre eux une association de fait, malfaisante, funeste, criminelle puisqu'elle ne s'enrichit que de l'ignorance et de l'abrutissement. Si l'on eût interdit l'exercice de ces deux professions, prohibé les procès et la vente de l'alcool, Tahiti serait peut-être autrement prospère. Longtemps on refusa la liberté de boire aux Tahitiens ; M. Chessé la leur donna au lendemain de l'annexion. Présent mortel. Lourde responsabilité que la sienne.

J'en parle d'après des gens qui habitent la colonie depuis plus de vingt ans et n'ont pas encore pris leur parti de ce qu'ils voient. On le sent à l'exagération même de leur langage.

A Tahiti l'on n'est guère républicain et l'on n'est pas beaucoup monarchiste. Les querelles de petite ville que j'ai peut-être vues au microscope, les rivalités d'intérêt, les âneries, les préjugés des uns et des autres, voire les appétits aiguisés des défenseurs et des débitants, se fondent où s'atténuent quand le nom de Patrie est prononcé. Comment en serait-il autrement ? Si loin de Paris et du monument gréco-bourgeois où délibère la Chambre des députés, les batailles parlementaires les plus retentissantes, même celles qui coûtent la vie à un ministère, n'ont qu'un écho affaibli quand elles en ont un. A cette distance, on cesse de les comprendre et de s'en émouvoir.

Il n'en va pas ainsi de la politique étrangère. Une fois hors de France, comme on sent à quelles profondes inimitiés sont en proie les grandes nations de l'Europe, inimitiés fatales et mortelles ! Ici, c'est l'Angleterre que l'on rencontre devant soi; là, c'est l'Allemagne; ailleurs l'Italie, l'ingrate Italie ! A Paris, l'étranger c'est un promeneur, un homme qui a le tort de se montrer en veston à l'Opéra et de circuler dans les rues juché sur l'impériale d'un char-à-bancs. A Papeete, l'étranger, c'est le rival, c'est l'ennemi. C'est le concurrent qui ajoute à la patente du commerçant l'exequatur du consul. Parfois d'étranges pensées montent aux cerveaux. S'occupe-t-on de Tahiti à Paris ? Veille-t-on jalousement sur ces archipels semés dans la partie orientale du Pacifique ? Le bruit ne courait-il pas, l'an dernier, qu'on allait céder Rapa à l'Angleterre ? Là-dessus, le Conseil général s'est formé en comité secret et les résolutions les plus viriles ont été votées, en dépit de la loi qui interdit les vœux politiques. Entre les mains des Anglais, Rapa où l'on trouve un port excellent, Rapa qui possède des mines de charbon, Rapa devenait la clef du futur canal de Panama, car c'est aussi une escale indiquée sur la route de la Nouvelle-Zélande et de l'Australie. On ne pouvait pas tolérer cela !

Aussi le Gouverneur de la Colonie s'est-il rendu, au cours de sa dernière tournée, à Rapa où il a trouvé une population intéressante bien que peu nombreuse. On accède dans la baie d'Ahurei par une passe semée de pâtés de coraux au milieu desquels le navire doit faire de brusques et nombreux coudes et parfois évoluer à angle droit. Le village compte à peine une quinzaine de cases assez pauvres d'aspect.

L'unique maison digne de ce nom est la gendarmerie.

La population semble se développer. Les enfants sont nombreux et charmants. On en trouve qui savent quelques mots de français appris à l'école du brave gendarme. Il n'est pas trop malaisé de faire l'ascension de la colline sur le flanc de laquelle des affleurements de lignite ont révélé la présence du charbon, sans qu'il fût possible d'ailleurs d'en déterminer la qualité et la quantité. Pour ce faire, il serait à désirer que la colonie fît la dépense d'une mission scientifique.

Le climat de Rapa est tempéré. On pourrait y établir un sanitarium où viendraient se retremper les Européens éprouvés par le climat débilitant de l'Amérique méridionale ou de l'Océanie elle-même. Le Gouverneur était accompagné par un pharmacien principal de la marine en mission à Tahiti, M. Raoul, qui avait apporté un grand nombre d'arbustes et qui a passé plusieurs jours à planter des vignes.

Les chefs ont été réunis. Ils ne paraissaient pas bien comprendre, tout d'abord, la nature de leurs rapports avec la France dont ils ont accepté le pavillon. Le célèbre axiome « donner et retenir ne vaut » était absolument lettre morte pour eux, et ils s'imaginaient que Rapa était libre de suivre des lois particulières et d'accueillir avec le même empressement toutes les couleurs. Il est probable que les visites de bons Anglais n'étaient pas tout à fait pour rien dans la réserve, dans la méfiance, pour mieux dire, des indigènes.

La visite du Gouverneur aura eu pour effet de faire disparaître cette méfiance, et l'on m'a assuré qu'à la suite des explications échangées, Rapa était bien et définitivement devenue une terre française.

Il était temps d'agir. Cet îlot perdu de l'Océanie aux mains des Anglais, c'était notre puissance mise en échec, c'était la vie commerciale de Tahiti déjà si restreinte s'éteignant peu à peu. Rapa, rattaché pour tout de bon aux Etablissements français de l'Océanie orientale, c'est un port magnifique et sûr où notre flotte pourrait en temps de guerre maritime trouver un abri, voire le combustible nécessaire à ses machines ; c'est, grâce au climat, à la fois un sanitarium et une pépinière : c'est enfin cette escale de la route de Panama sur la Nouvelle-Zélande et l'Australie conservée à la nation qui a le plus fait pour l'accomplissement de l'œuvre gigantesque du creusement du canal, à la patrie de M. Ferdinand de Lesseps.

Il y avait encore cette histoire des Iles sous le Vent où se prolongeait indéfiniment une situation des plus fausses. Le dénouement de cette intrigue trop peu compliquée est venu à temps. Est-ce tout? Non. L'Allemagne est aux Samoa; l'Angleterre aux Tonga et aux Fidji et convoite les îles Gilbert. Les Américains visent l'île de Pâques et travaillent à s'assurer le pouvoir aux Sandwich. Les îles Wallis, et les îles Cook sont acquises à la France, mais nous n'osons nous montrer ouvertement dans ces dernières. Au milieu de ces compétitions où Tahiti même n'est qu'un enjeu, le sentiment patriotique est tenu en éveil et ce n'est pas un couplet de café-concert que cette passion profonde, ardente et réfléchie tout ensemble. « Pas un pouce de notre sol, pas une pierre de nos forteresses » n'est pas ici la formule académique d'un héroïsme de rhéteur, c'est l'expression de l'opinion publique, la manifestation de l'âme même de la colonie.

Je croyais en avoir fini avec la politique à Papeete quand un colon est venu m'entretenir du délégué de Tahiti. Comme toutes les Colonies qui n'envoient point de député à la Chambre, Tahiti nomme un délégué au Conseil supérieur des Colonies, une assemblée qui se réunit quelquefois rue Royale, dans ces bureaux où la tradition veut que l'on conspire de tout temps la perte de ces pauvres colonies. Le délégué actuel est, à ce qu'on m'assure, un très galant homme, un peu pasteur, un peu journaliste, un peu écrivain et un peu orateur, en passe de rendre quelques services. Les protestants de Tahiti se sont employés à son élection, ce qui lui a fait un tort considérable aux yeux du *Messager* dont il est la bête noire. Quand cette feuille a dit Miti Puaux, elle a tout dit. L'esprit ne coûte pas cher à Papeete. Ce qui a surtout irrité le parti catholique, c'est que M. Puaux a été élu sans qu'on le connût à Tahiti et sans qu'il connût Tahiti.

Il faut dire que le suffrage universel fonctionne dans des conditions très particulières. Tout d'abord on n'a jamais publié en tahitien les lois et décrets qui faisaient de l'indigène un citoyen français. Ensuite, on ne s'est jamais donné la peine de lui expliquer de quoi il retournait. A certains jours, on convoque les

Tahitiens à la chefferie, et on les invite à déposer dans une petite boîte un morceau de papier. Quelques-uns, qui ont du bon sens, mettent un bout de papier blanc; ils sont la minorité. Quinze jours ou trois semaines après s'être livrés à cette opération, les « électeurs » apprennent qu'ils ont fabriqué un Conseil général ou un délégué. Bien entendu, ils n'ont que des notions très vagues sur ce que peuvent être cette institution et ce personnage.

Les catholiques votent pour les candidats de la Mission catholique; les protestants votent pour les candidats de la Mission protestante. Le roi jouit d'une certaine influence dans les districts. Il en use pour faire voter en faveur des candidats que lui désignent ses compagnons de fête. C'est un beau gâchis.

IX

Une noce dans le district. — Abondance de pseudonymes. — La famille à Tahiti. — De la virginité. — Les enfants, les femmes, les vieillards et les morts.

Une noce dans le district, c'est une noce au village, avec des discours et des chansons, et quelles chansons! Sans parler du repas colossal qui couronne la fête et où les viandes s'accumulent en montagnes à lasser Rabelais si fertile en énumérations fantastiques.

Mon ami Poroï, conseiller privé, a marié son fils avec une jeune fille dont la famille habite le district de Mataiéa. La veille du jour fixé pour la cérémonie, les parents du marié et les parents de la mariée sont arrivés, quelques-uns à cheval, d'autres en voiture, la plupart en pirogue ou en baleinière, et une véritable flottille a mouillé dans la jolie baie de Papeuriri. A bord se trouvaient les cadeaux destinés aux futurs époux, c'est-à-dire des vivres, cochons, volailles, taros, huru, feï, patates douces, etc.

A peine à terre, le plus âgé de chaque camp (car chaque famille forme un camp distinct dans une occasion pareille) s'avance vers Poroï et lui adresse un discours véhément : « Nous venons, avertis par le message que tu nous as envoyé, marier notre enfant et participer à cette fête de famille. Ce que nous vous apportons, ces cochons, ces poulets, ces taros, ces feï, ces huru, ces patates, nous vous l'offrons de bon cœur. C'est tout ce que nous avons; nous ne pouvons pas donner davantage! »

Poroï répond à chacun : « Je vous remercie d'avoir entendu mon appel et d'avoir maintenu les liens de la famille en venant assister au mariage de notre enfant. »

Ces quatre discours échangés, on va se coucher après avoir tout préparé pour le repas du lendemain, tué les cochons et les poulets, et surtout après avoir pris soin de séparer les cadeaux qui sont apportés au marié de ceux qui sont apportés à la mariée.

Il faut se garder de n'omettre personne dans les invitations. Si un parent est oublié, il vient demander des explications. Est-ce un malentendu? Est-ce une offense? Est-on fâché? Dans ce dernier cas, après quelques paroles on se réconcilie. Généralement les noces sont l'occasion de ces réconciliations.

Le matin, les choses se passent comme à Pontoise! Le cortège des époux et des parents se rend à la chefferie où le mariage civil est célébré, puis au temple où le pasteur procède au mariage religieux. Il y a quelques années, on étendait sur les mariés une sorte de poêle, une grande natte; mais cet usage est aujourd'hui abandonné.

Dès que le cortège a regagné la maison où doit se faire le repas, les parents reviennent avec les cadeaux de la veille. Cette fois tout est cuit et c'est un défilé à réjouir la panse de Gargantua que celui de ces monceaux de victuailles appétissantes.

Nouveaux discours. L'orateur s'adresse à la mariée : « Nous voici au terme de cette belle cérémonie. En unissant nos enfants, nous avons uni nos deux familles. Nous vous offrons ce que nous avons. Prenez et vivez. Le feï de ces vallées est à vous; le poisson de ces rivières est à vous. Le mariage de nos deux enfants nous donne l'espérance que bientôt à leur tour ils auront des enfants. Donnons maintenant des noms à chaque époux. »

C'est la coutume à Tahiti de donner ou de recevoir un nom nouveau à chaque événement important de la vie, une coutume qui nuit quelque peu à la bonne tenue des registres de l'état civil : une naissance, un baptême, un mariage, un deuil sont des occasions pour s'offrir mutuellement des pseudonymes variés. C'est ainsi que le fils de Poroï s'est entendu appeler Teriitanaroa par les parents de son père et Tetirimatai par ceux de sa femme. Poroï a déjà pour sa part six noms. Chacun des parrains ne connaît son filleul que par le nom dont il l'a gratifié. Tetirimatai signifie : « Jeté çà et là par le vent. » Quant à Teriitanaroa, c'est un peu plus difficile à expliquer. Teriitanaroa est le nom d'un ancien héros de Moorea. Ce héros eut pour père Manea, et pour mère Tetuanuanua. Il naquit pendant le mois de Tematanaroa d'où la finale de son nom « tanaroa » La partie initiale « terii » est une abréviation de « Tearii », le roi. Tematanaroa était le mois de la disette pendant lequel on attendait, non sans souffrance, le temps de la récolte. Alors, pour supporter moins péniblement les douleurs de la faim, on se serrait le ventre avec une ceinture appelée : « tanaroa ». Se serrer le ventre n'est donc pas seulement une image à Tahiti.

Les noms donnés, les parents se jettent sur les vivres entassés. Du côté de la famille de la mariée on s'empare de ce que la famille du marié a donné, et *vice versa*. C'est un échange de bons procédés et à qui en prendra le plus.

Le repas est pris par terre, les convives placés sur deux rangées le long de la cloison de bambous, une famille à droite et l'autre à gauche. A une extrémité, les mariés sont seuls, servis par les plus proches parents. Puis viennent de nouveaux discours et les chants de circonstance.

La muse libertine du poëte tahitien est incohérente. Elle associe des invocations à la patrie et les pensées religieuses aux images les plus licencieuses. Un chant commence ainsi :

Ne remarquez pas les défauts de mon corps....
. . . .
Sur une branche de mayoré nous nous étreindrons
. . . .
De la maison de Tohotahi sort une odeur de vase.

Partons pour les Pomotu où les femmes ont les flancs bombés.

La montagne Papoto est haute à notre vue,
Prenez-garde à la mort !
Ma patrie est éclairée ; le ciel est couleur de sang !
Courez Tumavaï; Porionu est le refuge
La petite passe du roi, quel merveilleux duel au bâton entre Tanekau Kevaitu et Faarahia !

. . . .

Poroï est intervenu pour mettre un terme à ces chansons, et les époux se sont dérobés. A eux deux ils avaient bien trente ans. Ils formaient un joli couple d'adolescents dont la vue évoquait le souvenir charmant de Daphnis et de Chloé, innocents et amoureux, dans la grâce de leur juvénilité, si beaux et si chastes dans le naïf abandon de leurs premières étreintes.

La famille n'est pas encore constituée à Tahiti en dépit de l'état civil et de ses registres plus ou moins mal tenus. L'indigène ne comprend pas grand'chose à nos conventions sociales à en juger par le dialogue qu'on va lire.

Je pénètre dans une case en bambou où il n'y a pas moins de trois ou quatre lits ou nattes, autant de malles, des instruments de pêche, quelques écuelles de bois. J'interroge le maître du lieu.

— « Es-tu marié ? »

— « Oui ! »

Je désigne une vahiné qui tient dans ses bras un enfant.

— « C'est ta femme ? »

— « C'est la femme avec laquelle je dors ! »

— « Tu n'es donc pas marié ? »

— « Si ! »

— « Où est la femme avec laquelle tu es marié ? »

Avec un sourire qui dénote la plus parfaite insouciance, l'homme répond :

— « Dans les districts ! »

J'ai déjà parlé de la promiscuité qui règne dans les cases tahitiennes et de ses conséquences sur les mœurs. Il faut ajouter que la virginité n'est nullement en honneur. Bien au contraire, elle est considérée comme un état contre nature, comme une preuve de faiblesse. Les missionnaires catholiques et les instituteurs appartenant à des ordres religieux ont eu fort à faire au début pour réagir contre ce préjugé qui ne nuisait en rien, d'ailleurs, au respect dont on les entourait, préjugé qui n'a pas aussi complètement disparu qu'on pourrait le croire.

Ce qui s'oppose et s'opposera de longtemps encore à la constitution régulière de la famille c'est la fréquence des adoptions. Le Tahitien a plus que l'amour de l'enfant; il en a le culte. Les derniers et touchants poèmes de Victor Hugo sur l'enfance et sur ce qu'elle a de béni, de mystérieux et de sacré, sont vécus par ces hommes robustes qui entourent de tant de soins l'être chétif et nu dont les premiers cris et les premiers sourires sont écoutés et accueillis avec une sorte de religion. On ne peut faire à un Tahitien de don plus précieux que celui d'un enfant. Les parents usent de leur influence, le chef de la famille abuse de son autorité pour se faire remettre dès leur naissance des enfants à qui ils donnent immédiatement un nom et des biens et qu'ils ont parfois adoptés avant même qu'ils aient vu le jour. Et cet enfant, ce nourrisson, ce pupille qui mange dans la maison, se trouve avoir autant de droits à l'héritage que s'il était né du légitime mariage de l'homme qui l'a pris. N'arrive-t-il pas que des Tahitiens après avoir adopté des enfants donnent les leurs à d'autres parents qui n'en auront pas moins soin?

Le cas s'est présenté pourtant où le sentiment maternel s'est révolté, où une mère a tenté de refuser son enfant au fetii, parent, qui venait le lui prendre, mais c'est une exception. D'ailleurs, le chef du district a parlé impérativement. Il voulait cet enfant, il l'avait retenu comme on peut retenir le petit d'une chatte ou d'une chienne : il fallut le lui donner. La pauvre mère ne s'en est jamais consolée. L'enfant était une jolie petite fille. Cette mère, les autres méritent-elles ce nom? est une demi-blanche. Les physiologistes, disposés à confondre les sentiments avec les sensations et les qualités affectives avec les aptitudes cérébrales, peuvent ici se donner carrière, et mettre en avant la théorie de l'hérédité. Je leur livre ce petit fait qui peut mener à de grosses conséquences.

On se doute bien qu'en ce pays les enfants naturels n'ont pas à subir les affronts et les épreuves que notre société civilisée ne leur épargne pas. Les thèses éloquentes et passablement déclamatoires que la recherche de la paternité a inspirées à quelques dramaturges et à quelques démagogues seraient ici sans écho. A quoi bon se préoccuper de trouver un père quand plusieurs sollicitent la faveur de se charger de ce bébé dont la peau presque blanche révèle la naissance irrégulière ? Les enfants naturels ne sont pas les moins choyés ; on s'honore même, dans le district, de voir grandir sous son toit ce jeune garçon ou cette jeune fille aux traits adoucis, à la voix moins rude, aux formes moins belles mais plus souples.

Comme ils sont jolis ces enfants tahitiens ! Comme ils ont une mine éveillée et malicieuse ! Ils se sentent les maîtres et le font bien voir. Quels tyrans !

— « Dis à ton garçon d'apporter ce vase ? »

— « Il ne veut pas ! » répond le père adoptif ou véritable, du même air insouciant dont il parlait tout à l'heure de sa femme partie pour les districts.

Quand le premier-né vient au monde, le père voit en lui le propriétaire de tous ses biens et ne se considère plus que comme l'hôte de son enfant. C'est à ce point que dès qu'il peut parler (je n'ai pas dit dès qu'il peut comprendre) l'enfant est consulté sur les affaires de la famille. On discutait sur le prix d'une terre et l'on ne parvenait point à s'entendre. On interroge un petit garçon de six ou sept ans. Il déclare que l'on doit vendre cette terre tel prix, son fetii étant l'acquéreur. Et il fut fait comme il le demandait. Il en est toujours ainsi. L'enfant n'a qu'à former un souhait, qu'à manifester un désir pour être obéi. Il exprime sa volonté sans irritation, habitué qu'il est à la voir satisfaire. Il avise un objet de toilette dans un magasin, fait un geste et on le lui achète. Il est le maître. Pourquoi? Peut-être parce qu'il est l'avenir, la force de demain.

Une observation curieuse. Les enfants n'interpellent point leurs parents par le signe même de cette parenté. Les mots « papa » et « maman » n'ont pas d'équivalents.

— Ia ora na Tihoni ! » (Bonjour, Jean !) dit un petit garçon de cinq ans à son père. Et en lui demandant quelque chose, ce n'est pas une prière qu'il lui fait, mais un ordre qu'il lui donne, ordre aussitôt exécuté que reçu.

Il va sans dire que cette éducation mène à une grande indépendance et que l'amour filial est à peu près inconnu du Tahitien. Dès qu'il peut aller au feï, l'enfant se sent homme. La fille dès qu'elle est nubile suit l'homme qui l'appelle ou le provoque même, avant de prendre le chemin de Papeete.

Point de querelles entre les enfants pas plus que de rixes entre les hommes. Les jeux accoutumés sont la natation et l'équitation. A trois ou quatre ans, un enfant tahitien nage comme un requin et monte à cheval comme feu M. d'Aure. Il faut le voir galoper dans les rues de Papeete ou conduire sa bête à la mer, sans selle et sans étriers, le cavalier presque aussi nu que le cheval. D'une agilité merveilleuse, certains conduisent des bœufs pris dans la montagne au moyen d'un lasso, et, caracolant, riant d'un rire qui découvre leurs belles dents blanches, ils font ce qu'ils veulent du ruminant le plus obstiné et du cheval le plus fougueux.

Les familles sont peu nombreuses. Il est rare d'en rencontrer de plus de quatre enfants. Hélas! combien qui viennent au monde avec le germe de maladies mortelles. Rien de triste comme de voir une jolie fillette de trois ou quatre ans avec des plaies aux jambes, des boutons, des coutures au cou. Pauvres bébés! On sait la cause de cette infection générale.

J'ai cherché à connaître la nature des rapports de l'homme et de la femme. Celle-ci n'est ni esclave ni souveraine. Elle est obéie quand elle est jeune, dédaignée quand elle est vieille, et elle a pour son mari une considération mesurée à sa vigueur. Si l'homme invite la femme à faire quelque ouvrage un peu fatigant: « N'as-tu pas des mains? N'as-tu pas des pieds? » répond-elle tranquillement. Sans se faire prier, comme une chose toute naturelle, le mari vaque à la cuisine. Il rassemble les bouts de bois et les grosses pierres dont se constitue le four tahitien et fait cuire les aliments tandis que la femme accroupie à la façon indienne le regarde. Elle l'estime, j'allais dire elle l'aime, en raison de la quantité de feii qu'il rapporte de la vallée lointaine. Lui est-elle fidèle? Je n'ose répondre. Ce qui, est certain, c'est que le mari n'est pas jaloux. L'indifférence est au fond de la nature de l'indigène. Pourquoi se tourmenter et s'agiter comme ces « papâa » nerveux qui ne peuvent tenir en place et passent leur vie à chercher midi à quatorze heures?

La jalousie se montre seulement chez les demi-blanches qui ont la main prompte et surveillent étroitement l'homme qu'elles aiment. Il est arrivé plus d'une fois, au sortir d'un bal officiel, qu'un fonctionnaire en puissance de vahiné a reçu de celle-ci un joli soufflet pour s'être permis de danser plusieurs fois avec Madame Z. ou Mademoiselle X...

L'adoration de l'enfance a pour contre-partie le mépris de la vieillesse. C'est ici peut-être le point où s'accuse avec le plus de force ce qui sépare cette race de la nôtre. Beaux vieillards à cheveux blancs, bonnes grand'mères au visage ridé comme une pomme au printemps, vous à qui notre respect fait une auréole et que nous imaginons plus saints que nous parce que vous avez plus vécu et plus souffert, vous en qui se sont apaisées mais non pas évanouies les ardeurs et les passions qui nous dévorent, ne venez point sur cette terre que le soleil pare d'une splendeur immuable ! Restez assis, l'été sur le banc de pierre devant la maison des champs, blottis l'hiver dans le fauteuil qu'un enfant a rapproché de l'âtre où flambe le sarment desséché !

On voit peu les vieillards à Tahiti. Dès qu'ils ont atteint un certain âge, hommes et femmes se murent pour ainsi dire dans un angle de la case. Ils sont *paru-paru*, inutiles, faibles, et nul ne songe plus à eux. Quelquefois l'enfant qu'ils voudraient caresser se venge de leur étreinte désagréable par un coup de pierre. On approche d'eux quelques vivres, juste ce qu'il en faut pour qu'ils ne meurent point de faim. Nulle révolte de leur part. C'est ainsi qu'ils ont traité les vieillards eux-mêmes et ils subissent sans étonnement et sans colère le sort qu'ils ont fait subir à d'autres.

Il arrive que des Tahitiens sous l'influence du christianisme veulent montrer à leurs ascendants de la déférence, une affection respectueuse. Ils s'attirent des quolibets. L'un d'eux, à un repas de noce, avait mis à la table d'honneur sa grand'mère, une bonne femme à la tête branlante, à la bouche édentée : « Pourquoi as-tu placé ta vieille là ? » lui ont demandé les convives non sans quelque ironie. On peut dénombrer ceux qui prennent un soin assidu de l'aïeul ou de l'aïeule.

Quand la mort visite une case, il se joue une comédie funèbre qui n'est pas sans analogie avec ce qui se passait autrefois chez les Israélites. Les membres de la famille restent accroupis près de celui ou de celle qui n'est plus. Ils poussent des cris de douleur, font entendre des sanglots déchirants, puis ils se taisent tout à coup. Survient un parent, le chef, le pasteur, nouvelle explosion. Les larmes s'essuient subitement encore et du ton le plus naturel une conversation s'engage sur le premier sujet venu, conversation que vient interrompre de temps en temps une visite qui provoque de nouveau les transports extravagants d'une affliction que l'on croirait éternelle. On ne sait que penser devant ces manifestations insolites et contradictoires ou plutôt l'on en vient à donner raison à ceux qui croient que ces pauvres gens ne sentent pas aussi profondément que nous et qu'en dernière analyse ils sont et demeurent de vrais enfants.

On enterre les morts un peu partout, à Tahiti, la plupart des districts ne possédant pas de cimetière. Autrefois, pour lieu de sépulture on choisissait une anfractuosité, une grotte dans la montagne, et l'on y portait les morts après leur avoir fait subir une préparation qui retardait la corruption si elle ne l'empêchait pas tout à fait. Le corps était enveloppé et lié dans des tissus végétaux enduits d'une sorte de gomme extraite de l'arbre à pain. Ainsi soustrait à l'action de l'air, il se conservait éternellement. Il était bon cependant

de lui donner de temps à autre quelques soins.
Un serviteur de la famille était chargé du
vernissage périodique des cadavres. La famille Tati, l'une des principales de Tahiti, la
rivale souvent victorieuse des Pomaré, possède
encore, dans le district de Papara, une sépulture de ce genre placée à une altitude qui
défierait les jarrets des alpinistes les plus convaincus de Tarascon et d'ailleurs. Le Tahitien
chargé de l'entretien de cette grotte de famille
se fait vieux. Il a plus de quatre-vingts ans et
voilà près de six ans bientôt qu'il n'est monté
là haut donner une couche aux Tati dont la
dépouille mortelle repose dans le silence des
solitudes funèbres.

Il est possible que les Tahitiens n'aient eu
la pensée de placer leurs morts à de pareilles
distances que pour éviter les persécutions des
tupapau dont j'ai parlé plus haut. Il n'en est pas
moins singulier de retrouver chez les peuples
de l'Océanie cet usage de l'embaumement. Les
momies couchées des Polynésiens n'ont rien à
envier aux momies accroupies des Indiens du
Sud-Amérique. Les partisans de l'unité d'origine de l'espèce humaine peuvent tirer parti
de cette similitude dans les habitudes funé-

raires. Ces peuples ont le culte des morts puisqu'ils attachent une telle importance à leur conservation. Ils l'ont à un bien autre degré que nous qui jetons les cadavres à la terre en faisant des vœux pour qu'ils pourrissent très vite, et croyons nous acquitter envers ceux que nous avons perdus en déposant sur leur tombeau quelques couronnes de verroterie.

X

Les mœurs religieuses. — La longue-veille du 31 décembre. — On demande un effet de neige. — Organisation du culte protestant. — Le jour du Seigneur. — Le culte de famille. — Pasteur et Tuhua. — En tournée.

Les mœurs religieuses ont leur intérêt pour moi, bien que je ne sois philosophe ni par métier ni par vocation. Si peu profondes que puissent être les impressions reçues, il n'est pas indifférent de saisir les manifestations cultuelles chez un peuple comme celui-ci. La longue-veille du trente et un décembre m'en fournit une occasion que je ne veux pas laisser échapper.

Depuis dix heures du soir, des groupes nombreux se dirigent du même côté. Les hommes et les femmes sont en habits de fête, les hommes en redingote, les femmes en long peignoir aux nuances variées, la plupart couronnés de feuillage et de fleurs aux odeurs pénétrantes. Quelques hommes, au lieu de la redingote, arborent par-dessus leur pareu une chemise qui flotte au vent comme une bannière toute blanche. Le parfum détestable du monoï imprègne l'atmosphère d'une senteur forte.

Le ciel est pur et rien dans cette nuit de décembre ne rappelle à l'Européen égaré en ces climats que l'année touche à sa fin. Qu'est-ce qu'une longue-veille sans le moindre effet de neige, sans une forte et saine gelée ?

Tous ces groupes, rieurs, allègres même, vont au temple. Au milieu des têtes folles des jeunes filles aux chapeaux enrubannés et fleuris quelques têtes rasées de vieillards ont comme un air de famille avec le type des vieux Cévennols. Le calvinisme a modelé ou sculpté plutôt ces visages d'hommes réfléchis et méditatifs sur le modèle des huguenots du seizième et du dix-septième siècle.

La foule se masse aux abords de l'édifice rempli longtemps avant l'heure. A l'intérieur, cinq cents personnes se pressent à s'étouffer. Le coup d'œil est magnifique sous l'éclat des lampes munies de puissants réflecteurs. L'enclos du temple est plein de groupes assis sur l'herbe, animés, bruyants, enveloppés dans la fumée légère des cigarettes de pandanus que les femmes ont aux lèvres et qu'elles se passent de l'une à l'autre. Un peu de tabac du pays que l'on grille à la flamme d'une allumette et que l'on roule ensuite dans une feuille de pandanus : voilà la cigarette tahitienne qui n'est pas sans saveur. Les vahiné excellent à renvoyer la fumée par le nez comme de parfaits troupiers.

Le temple est vaste, simple et nu comme le veut la religion protestante, et parfaitement éclairé. Le pasteur français, M. Vernier, prêche en tahitien. Sa voix n'est point forte mais elle porte bien à en juger par l'attention des assistants du dedans et même de ceux du dehors qui ont trouvé place sur les marches de l'escalier ou dans les embrasures des fenêtres.

L'auditoire chante fréquemment. Les himéné alternent, chacun ayant son répertoire. J'apprends que lorsqu'il s'agit d'étudier un cantique nouveau, trois ou quatre des chanteurs viennent chez le pasteur qui leur joue la mélodie. Après plusieurs auditions ils emportent le chant dans leur oreille et réunissent l'himéné. Chacun apprend sa partie, ajoute des variantes au motif principal, allonge ou abrège les finales. Quand le chant a subi cette transformation qui l'accommode aux gosiers et aux habitudes musicales des Tahitiens, il est à peu près méconnaissable. Avec un peu d'attention cependant on peut retrouver ou deviner le dessin de la mélodie. Je suppose que les orchestres de tsiganes qui exécutent des partitions sans avoir jamais déchiffré une portée ne doivent pas procéder différemment.

La longue-veille a pour objet d'achever par une prière d'actions de grâces l'année qui s'en va et d'inaugurer l'année qui vient par une invocation à Dieu. Après les chants, les exhortations. Le Tahitien est orateur, je l'ai déjà dit. Quelquefois, deux ou trois se lèvent en même temps et c'est à qui émettra le premier son. Les retardataires se rasseyent en silence, prêts à saisir l'instant où la parole va tomber, le discours finissant. Pour les profanes, cet assaut d'éloquence religieuse paraît un peu abusif.

Cela dure jusqu'à minuit. Autrefois, au moment où les douze coups résonnaient dans le recueillement de la réunion solennelle, le pasteur éteignait une bougie. Cet usage s'est perdu, on ne sait pourquoi. La longue-veille terminée, sortie générale. Les « Ia ora na » se croisent. Des cigarettes à toutes les lèvres. Quelques-uns sont venus comme à la fête ; d'autres avec des pensées plus sérieuses, à en juger par leur attitude.

Les tahitiens aiment les réunions religieuses. Ils les aiment fréquentes et longues, et c'est une chose contre laquelle on a souvent tenté de réagir mais sans grand succès. En forçant la note, un résident de Moorea avait supputé que dans l'année un indigène assistait bien à deux cent soixante assemblées consacrées soit au service divin, soit à la prière, soit au chant. Les missionnaires ont été les premiers à reconnaître qu'il y avait excès, mais comment obtenir des fidèles qu'ils renoncent à une habitude qui tient au tempérament même de la race? Sans compter que les réunions religieuses, que les himéné, quand ils ont lieu à une certaine heure, deviennent aisément l'occasion de rencontres d'un caractère plus profane. On a beaucoup exagéré en ce sens. Cependant il n'y a rien d'extraordinaire, pour qui connaît les Tahitiens, à ce que les assemblées nocturnes, sans dégénérer, donnent lieu, quand elles sont terminées, à certains incidents. Ne sommes-nous pas au pays de l'amour libre ?

Les missionnaires savent-ils bien à quoi s'en tenir sur ce peuple intéressant ? Avant que les Iles de la Société fussent placées sous le protectorat de la France elles étaient gouvernées, si ce n'est par les missionnaires, du moins par leurs conseils. A Raiatéa, à cette heure encore, les lois en vigueur se ressentent de leur inspiration et, toutes proportions gardées de race et de milieu, rappellent les lois que les juifs reçurent de Moïse. Elles ont pour sanction l'amende et la prison, plus souvent l'amende que la prison, prévoient des délits de morale intérieure, presque des délits religieux, et proscrivent rigoureusement la vente de l'eau-de-vie aux indigènes.

A Tahiti, on vit sous le régime du Code civil, et les églises protestantes ont été pourvues d'une organisation dont le premier avantage est de marquer le point précis où s'arrête l'action de la discipline ecclésiastique. Cette organisation répond à une nécessité démontrée. Elle est intervenue pour consacrer mais aussi pour limiter une organisation officieuse, une sorte de gouvernement des âmes qui pouvait ressembler par certains côtés à un gouvernement des corps, et elle a eu pour effet de réduire à de justes proportions l'administration spirituelle.

Ce que pouvait être auparavant l'action des corps ecclésiastiques dans un pays où la religion est considérée comme un frein aux mauvaises mœurs, on s'en doute quand on voit le conseil de paroisse prononcer les peines suivantes : la réprimande en présence du conseil ou en présence de l'Eglise, l'interdiction de la cène pour un temps variant de trois à six mois, la perte des droits de membre de l'Eglise et leur restitution dans certaines conditions déterminées. Cela se passe dans les districts où l'Eglise fait corps pour ainsi dire avec le district lui-même, et suppose des plaintes, des enquêtes, une juridiction, sans parler d'une police. Il était de toute nécessité pour le Gouvernement de mettre la main sur cette organisation, non point en vue d'une répression, d'une action quelconque à exercer sur le culte lui-même, mais afin de se renseigner et de tempérer les conséquences de cette théocratie, s'il y avait lieu de le faire.

L'autre dimanche, je me trouvais dans le district de Mataiéa. Dès sept heures, la cloche se fit entendre et les fidèles prirent le chemin du temple. Quelques-uns venaient de fort loin; presque tous, hommes et femmes, portaient sous le bras la Bible traduite en tahitien. Le volume sacré était enveloppé dans une gaîne d'étoffe. Ce premier service est présidé par un diacre, un homme très pieux et très considéré qui fait part à ses frères de ses réflexions sur les obscurités du texte qu'il a choisi dans la semaine, tout en allant au feï. Peu d'assistants à cette heure matinale. A dix heures, le second service. Cette fois, la chaire est occupée par le pasteur français, M. de Pomaret, et, autant que j'en puis juger, la liturgie est analogue à celle des églises protestantes en France. L'auditoire, en vêtements du dimanche, est relativement recueilli mais non pas tout à fait silencieux. A terre, groupés et accroupis à leur fantaisie, les enfants dont les mines éveillées et les chuchotements sont une cause de distraction ou de divertissement pour l'étranger.

A l'issue du second service, école du dimanche, sunday school, à l'usage précisément des petits. Récits évangéliques, chants et commentaires sur la leçon du jour.

A deux heures, quatrième service, également présidé par un diacre, et quelquefois le soir, cinquième service. On le voit, toute la journée est prise. Les fidèles qui viennent de loin ne quittent pas les abords du temple. Ils se reposent, couchés sur l'herbe, en attendant les réunions successives.

Tous les Tahitiens ne sont pas animés du même zèle religieux; tous n'ont pas la qualité de « membre de l'Église », ne sont pas « étarétia » et n'assistent pas avec la même régularité à tous les services du dimanche, non plus qu'aux cultes du mercredi et du vendredi. La suppression de ceux-ci est d'ailleurs demandée par les colons et souhaitée par l'administration le travail de la semaine pouvant souffrir de la multiplicité des réunions de ce genre.

Mais tous célèbrent, le soir, le culte de famille. Le jour est tombé et, sans transition, dans ce pays privé de crépuscule, la nuit est venue. Le tané, le mari, le père, tire la vieille Bible de son fourreau, et lit, au milieu d'un profond silence, un chapitre qu'il explique ensuite à sa manière à la vahiné et aux enfants accroupis ou couchés autour de lui. Il termine par une prière où il remercie Dieu pour tous ses bienfaits, et où il lui demande de veiller sur son repos et sur celui des siens.

Cette habitude de la prière en famille est fortement enracinée. On m'assure qu'elle est conservée même dans les cases où les jolies filles accueillent la nuit les officiers de la flotte. L'hôte d'un soir assiste et prend part malgré lui à cette manifestation intime des sentiments religieux, un peu étonné de ce mélange du sacré et du profane où s'affirment les contradictions du tempérament tahitien, cette sorte d'innocence dans le vice, de candeur dans la dégradation, que Loti a bien rendues. La dernière lettre de Rarahu se termine par ces mots : « Je te salue par le vrai Dieu. »

Je crains de m'être attardé plus qu'il ne convenait à cette description des mœurs et des coutumes religieuses. Je passe vivement sur un service auquel j'ai assisté et où j'ai vu baptiser cinq ou six petits enfants de toutes les teintes depuis le blanc mat jusqu'au brun le plus foncé. Deux ou trois étaient des enfants de l'amour, de pauvres et charmantes créatures confiées par d'insouciantes vahiné à leurs fétii ou parents, adoptées dès leur premier vagissement, et que le père nourricier présentait au baptême.

La question se pose toujours de savoir à quelle profondeur pénètre le christianisme dans ces natures si différentes des nôtres, si mobiles et par certains côtés si fermées. N'en serait-il pas de la religion que les missionnaires ont apportée ici comme de ces plantes que l'on tente d'acclimater dans des pays pour lesquels elles ne sont pas nées ? Elles n'y vivent et n'y prospèrent qu'en apparence et leurs racines n'y sont jamais bien fortes. Alors même qu'elles semblent se développer, elles sont entourées et combattues, opprimées, étouffées par les plantes aborigènes. A côté du pasteur, des diacres, des paroisses, il y a dans la plupart des districts un *tuhua*, un prêtre, un sorcier, qui va au temple peut-être, mais connaît les anciennes légendes et les anciens mystères, comme il y a près du médecin de la faculté de Paris un *taoté*, un guérisseur tahitien qui connaît la vertu des simples et sauve ou tue ses malades tout comme un autre, sans le moindre diplôme.

Je me défends de la prétention de résoudre

le problème et je poursuis ma course autour de l'île.

Le gouverneur vient de faire sa tournée annuelle dans les districts. Il m'a demandé de l'accompagner et je n'ai pas résisté à la tentation d'une promenade qui devait me permettre de voir de plus près, en dépit des manifestations officielles, la vie de Tahiti.

La route de ceinture n'est pas encore parfaitement praticable. Nous sommes partis en voiture, mais, à plusieurs reprises, il nous a fallu laisser nos équipages plus ou moins rustiques et monter à cheval. J'ai même fait une partie du chemin en baleinière. J'ai vu ainsi le paysage sous ses diverses perspectives et je me suis confirmé dans l'idée que la Suisse et l'Auvergne, voire le Limousin, n'ont rien à envier à Tahiti au point de vue des beautés de la nature. Ce qui manque surtout ici, c'est l'imprévu. Toutes les montagnes, toutes les vallées et tous les districts se ressemblent. La couleur du spectacle est sa seule originalité. Les bleus intenses, les gris tendres et changeants du ciel et de la mer, mettent une clarté particulière sur ces aspects trop peu variés.

Un mutoï à cheval, porteur d'un drapeau tricolore, nous précède. Dès qu'il est signalé dans le district, des roulements de tambour avertissent le chef, *tavana*, les conseillers de district, *topae*, et les notables, *huiraatiraa*, que le gouverneur, le *Tavana rahi*, le Grand Chef, approche.

Nous arrivons devant la chefferie. L'himéné fait la haie. Le tavana et les topae se tiennent sur le seuil. L'orateur du district s'avance et harangue le gouverneur. Il lui souhaite la bienvenue et lui montre, au pied d'un cocotier, les présents qui lui sont destinés, des cochons, des volailles, des noix de coco, des régimes de feï, des patates, etc. Il termine en proférant trois hourrahs auxquels s'associe toute l'assistance, et l'himéné se fait entendre. Quand le chœur s'est tû, le gouverneur, qui s'est fait traduire le discours de l'orateur, répond par de bonnes paroles, et suit un déluge de « Mauruuru vau ! « (Je suis content !) » à n'en plus finir.

Les présentations faites, visite de l'école, du temple et de la *farehau* ou maison commune. Devant le cortège marchent les tambours, d'énormes caisses peintes en rouge et en bleu qui ont dû servir dans les gardes-françaises et dont le son un peu sourd rappelle les échos des fêtes foraines. Tandis que le gouverneur confère avec le chef et les conseillers de district, je me promène dans le village. A chaque instant je suis salué d'un « Ia ora na » accompagné d'un coup de chapeau, ou d'un « bonjour » donné par les enfants quand le district possède une école française, chose très rare. La politesse du Tahitien est noble et naturelle tout ensemble ; elle n'a rien d'appris ni de convenu. Gestes et paroles sont simples.

Je retrouve le gouverneur à la chefferie. Le conciliabule est terminé et l'on parle de choses et d'autres en attendant le festin qui s'apprête. J'ai rapporté de cette tournée une gastralgie dont je crois souffrir encore. Le festin, le banquet tahitien, l'*amuràmaa* est quelque chose d'énorme et de monstrueux. Les repas de noces si copieux cependant sont des jeûnes à côté des *amuramaa* officiels. Aux aliments indigènes s'ajoutent les provisions que le gouverneur a apportées. Chacun paie ainsi son écot en nature et c'est un défilé de mets assaisonnés de toutes les façons, rôtis, bouillis, en sauce, relevés ou fades à l'excès. Plusieurs heures durant, les poulets, les petits cochons, les *huru*, les *taro*, les *feï*, les patates douces, passent et repassent entremêlés d'omelettes compactes de plusieurs douzaines d'œufs, de carrys de Chevrettes, etc... Pour arroser ces viandes et ces légumes, des vins atroces, des clos-Bercy colorés à la fuchsine et à la rose trémière, des cidres bouchés et étiquetés en vins de Champagne, des cognacs d'eau-de vie de pommes de terre. Quel estomac pourrait résister à l'assaut de ces solides et de ces liquides conjurés pour sa perte?

Le gouverneur est à la place d'honneur. Vers le milieu du banquet, des femmes ni jeunes ni jolies passent, les bras chargés de couronnes de fleurs qu'elles posent avec un sourire sur le front de chacun des convives. Le chef de la colonie n'échappe pas au sort commun et c'est ainsi couronné qu'au dessert il se lève et porte les toasts d'usage au district et à ses autorités. De nouveau on entend les « *mauruuru vau!* » Jamais peuple ne fut si facile à contenter, en apparence.

Entre temps, accroupi sur le plancher de la fare hau, l'himéné fait retentir ses accords rauques et monotones. Au premier et au deuxième plan se trouvent les femmes, immobiles, le regard perdu, chantant sans presque desserrer les dents; au troisième plan sont les hommes, de jeunes et vigoureux gaillards dont le torse imite le mouvement du pendule, et qui poussent en mesure, des « han ! » analogues à ceux du boulanger pétrissant la pâte. Ces « han ! han ! » lancés dans une secousse font au chant un accompagnement de sourdine et l'effet produit est relativement harmonieux.

Les habitants répondent aux toasts du gouverneur. Dans un district, à propos de l'école où l'on va désormais enseigner le français, l'*orometua*, le pasteur, se lève et avec une sobriété de gestes qui surprend, il improvise un discours auquel nos orateurs de banquet ne trouveraient rien à redire. Il s'écrie que les hommes de sa génération ne profiteront pas de l'instruction donnée dans la nouvelle maison d'école, mais que leurs enfants y viendront apprendre le français, et il exprime avec une visible émotion la joie commune.

On se sépare là-dessus et l'on va se coucher. La case d'apparence européenne où l'hospitalité m'est donnée possède pour tous meubles une table, quatre chaises, deux lits et quelques malles. Je n'ose nommer ce qui manque et dont l'absence suffit pour transformer une nuit passée dans ces conditions en un long martyre.

XI

La littérature tahitienne. — La légende et la poésie. — La corde à nœuds. — La justice du Roi. — L'homme de bien. — La colère. — Imprécations. — La douleur. — Le désir. — La guerre.

Les Tahitiens n'ont point de littérature. J'entends qu'ils n'ont point de livres, de manuscrits; mais à défaut d'une littérature écrite ils ont une littérature parlée, si l'on peut ainsi dire. C'est de bouche en bouche, de génération en génération que se sont transmis les légendes et les récits poétiques, forgés ou embellis par l'imagination des conteurs, véritables rhapsodies d'où la grâce n'est pas plus absente que l'invention, tantôt sublimes et passionnées, tantôt incohérentes et puériles. On retrouve quelques-unes des beautés naïves et frustes des chefs-d'œuvre de l'antiquité grecque, les images et le style de la Bible, dans ces chansons de gestes qui sont une peinture animée des mœurs et des coutumes de ce peuple dont l'origine est encore un mystère. Ne peut-on pas inférer cependant de ces lointaines analogies, de ces vagues ressemblances, que l'hypothèse qui fait venir le flot humain d'une source unique est encore la plus vraisemblable de toutes ?

J'ai longtemps hésité avant de faire une part dans ces notes de voyage à la légende et à la poésie : on a tant écrit sur Tahiti qu'il me semblait impossible d'éviter les redites. Ce qui m'a décidé, c'est la bonne fortune que j'ai eue de rencontrer des familles établies ici depuis près de cent ans et qui possédaient des versions dictées aux missionnaires dans les premières années de ce siècle. J'ai beaucoup d'obligation à Mademoiselle Téuïra Henry, qui a bien voulu me permettre de dépouiller les manuscrits de son grand-père, M. Orsmond, et à M. Turaitaroa, le pasteur de Punaauia. Ce dernier a fait appel aux souvenirs que lui a légués son père et l'on trouvera plus loin un récit héroïque de lui et plusieurs petits morceaux traduits par M. Vernier.

Comme je l'ai fait pour les fragments poétiques que j'ai déjà reproduits, je livre à la critique littéraire, sans les commenter, ces œuvres si intéressantes et si fortes en cette naïveté même qui atteste qu'elles ne sont point nées de cerveaux compliqués. Je pense que les savants attachés à résoudre les problèmes de l'anthropologie, ceux qui tiennent pour l'injurieuse distinction entre les races supérieures et les races inférieures et ceux qui la réprouvent, les partisans et les adversaires de la doctrine de l'évolution, me sauront gré des documents authentiques que je place sous leurs yeux. Désintéressé de leurs querelles, je n'ai voulu ni souligner ni altérer les textes. Cependant, bien que je n'écrive pas pour les petites filles, j'ai dû atténuer certaines expressions que notre français pudique eût réprouvées.

LA CORDE A NŒUDS

Celui qui veut gravir le rocher abrupt prend une corde à nœuds. Il en a l'habitude et c'est ainsi qu'il parvient au sommet.

Le voleur aussi prend une corde à nœuds pour atteindre les vêtements et les objets suspendus aux parois de la case.

Pour arriver jusqu'à sa case l'aveugle prend une corde à nœuds.

Le guerrier se sert d'une corde à nœuds; c'est son arc et ses flèches. Les hommes suivent ses pas.

Celui qui a été dépossédé de ses biens et chassé de ses terres se sert d'une corde à nœuds pour les recouvrer. Ce sont les cochons, les étoffes du pays, les pirogues, les plumes rouges qu'il offre au roi et aux notables (*hui-raatiraa*). Voilà le pont sur lequel il passe pour rentrer chez lui.

Mais celui qui a été chassé et qui se présente sans un cadeau n'a point de corde à nœuds. Comment peut-il espérer rentrer chez lui? S'il avait apporté quelque chose, fût-ce la queue d'un cochon, il aurait pu se voir rendre ses biens.

LA JUSTICE DU ROI

Que le roi soit considéré comme un cerf-volant! Les députés et les orateurs sont le train ou la queue du cerf-volant.

Si le roi commence à faire du mal, s'il s'empare des biens de ses sujets, s'il maltraite son peuple et se conduit envers lui d'une manière injuste et rigoureuse, le cerf-volant sera chaviré, son avant brisé et sa queue mise en morceaux. Il ne pourra plus se soutenir dans les airs. A tout jamais détruit, il ne servira plus à rien et ne sera plus qu'un objet sans valeur.

Le pêcheur connaît bien son métier. Il l'apprit de son père. Ainsi le voleur apprit le vol de son père, ainsi le lutteur apprit de son père à combattre.

Il en est de même du médecin : son père était médecin.

Celui-ci a bien l'air d'un roi et son ancêtre était roi.

L'HOMME DE BIEN

Le nommé Atéa Iti, *Petite clarté*, était pareil au soleil dans tout son éclat. Il n'avait point de tache. Ses bienfaits étaient comme le lait le meilleur. C'était un homme généreux. Il donnait à tous les membres de sa nombreuse famille.

Ses paroles avaient l'odeur de la vie. Il aimait à être bon à l'égard de tous ceux qui l'entouraient.

Cet homme était comme une nacre vivante : ses paroles avaient l'écho de la vie ; ce qu'il aimait, c'était faire le bien.

Cet homme était encore comme une nacre vivante. La peau était saine ; elle n'était pas devenue épaisse et rien n'était mort en lui. Ses cheveux étaient gris, mais il n'avait jamais été condamné pour aucune chose.

La perle qu'il portait en lui, c'était la sagesse, l'intelligence et le désir de faire le bien, et son activité. Voilà ce que signifie *poe mata uiui*, perle très brillante.

Il y a d'autres nacres dans lesquelles on ne trouve point de perles. Ainsi celui qui parle beaucoup mais sans intelligence, qui dépense des paroles sans réflexion et ne cherche pas le bien même pour lui, est un ignorant puant.

LA COLÈRE

La colère commence doucement, petit à petit comme un léger filet d'eau; mais bientôt elle devient un torrent, une rivière débordée.

Ne vous mettez pas en colère! Souvenez-vous de la fleur que nous avons déchirée ensemble! Ne vous fâchez pas à en devenir presque fou! De quoi s'agit-il? On a voulu tuer un homme. Est-ce que c'est vous? Pourquoi suscitez-vous toujours des querelles?

N'arrêtez pas votre haleine en vous mettant constamment en colère! Voici la nuit qui vient et vous êtes toujours en colère.

C'est un homme dont la langue est terrible. Il aime à faire du mal, à médire des absents. Il aime à crier, à faire du bruit afin d'empêcher ses voisins de dormir. Personne ne peut plus le supporter. Il aime à provoquer, à répandre des injures et des calomnies contre tout le monde. Il ne songe pas qu'il a une tumeur dans le dos dont il ne se guérira jamais peut-être. Il aime à divulguer les fautes des autres et à les aggraver, en faire un amas, à les couvrir avec les feuilles qui servent à faire le four tahitien.

Ami, vous êtes un homme qui provoque la colère. Vous entendiez des discours et vous les colportiez partout. Essayez de vous instruire d'abord et lorsque vous serez parfait, vous pourrez vous sauver le jour où votre pirogue sera échouée sur le récif.

La langue de cet homme me cause un véritable chagrin. Il a la langue d'un oiseau et les dents d'un porc sauvage. On peut fermer le groin d'un sanglier, mais qui peut arrêter la langue de celui qui aime à médire des absents et cause du scandale partout ?

Votre colère vous rend malheureux, misérable. Elle vous perce comme la plume d'un coq. La colère est le plus douloureux des aiguillons.

IMPRÉCATIONS

Entre dans ce four ! Ton dieu sera une bonne nourriture pour moi ! Je donnerai ton menton à manger à mon dieu ! Chien, va manger ton maître ! Que ton crâne soit porté à ta mère pour lui servir comme une gourde où elle mettra la sauce ! Que ta mère et ta sœur soient mangées avec les aliments qui cuisent dans ce four ! Que ton frère soit jeté dans le four et mangé dans l'*amuramaa* (festin) ! Que tes cocos et ta calebasse soient remplis de ton sang ! Que tes larmes soient comme l'eau de la mer ! Que ta mère boive ton sang ! Que ton frère serve d'*umete* (vase en bois) à ta mère pour la popoi (pâtée indigène) ! Cours enterrer ta mère ! Que ta mère te mange le *tahua* (graisse des côtes) et manges-en toi-même avec le foie et la graisse !

Ce qu'on vient de lire porte bien l'empreinte de la sauvagerie. On a pu remarquer que les fragments précédents avaient une tournure plus ou moins biblique. Evidemment le narrateur, converti au christianisme, peut-être un diacre protestant, a sans s'en douter subi l'influence de la nouvelle religion et accommodé son récit au goût de son respectable interlocuteur, M. Orsmond. Les préceptes sur le Roi, sur la Colère, sur l'Homme de bien, reproduits plus haut, et la plupart de ceux qui vont suivre se ressentent de cette préoccupation instinctive du Tahitien à qui rien n'est plus pénible que de contrarier l'étranger dans ses discours. Il n'en est pas ainsi des imprécations. Sans doute pour s'en faire pardonner la rudesse, le conteur ajoute : « Ce sont là les imprécations des sorciers. Quand on les entend les proférer, on les tue immédiatement et on les jette à la mer ! »

La facilité avec laquelle les Tahitiens s'injurient encore de nos jours, la verve grossière qu'ils y mettent, démentent un peu ce commentaire ajouté après coup, semble-t-il. Tout cela offre l'intérêt de l'inédit. Les manuscrits que j'ai dépouillés étaient en anglais quand ils n'étaient pas en vieux tahitien. Dans ce dernier cas il m'a fallu recourir à M. Barff, interprète en retraite, le seul Européen capable de déchiffrer un idiome devenu presque étranger aux indigènes, qui ne parlent plus guère aujourd'hui que ce qu'on appelle « le tahitien de la plage ».

LA DOULEUR

Je suis plein de chagrin parce que ma femme et mes enfants sont partis !

Si quelqu'un ne peut supporter la douleur de son cœur, il vaut mieux pour lui qu'il meure !

Si un père pleure beaucoup la mort de son fils, qu'il jeûne jusqu'à la nuit, jusqu'au matin, qu'il jeûne pendant deux jours ! S'il désire mourir, qu'il meure !

Le chagrin du cœur est un grand guerrier. On pleure pour les enfants qui sont morts, pour les terres ravagées par l'ennemi, pour les frères faits prisonniers pendant le combat. Que l'on s'abstienne de nourriture, que la bouche ne prononce pas un mot, que l'on ne boive pas une goutte d'eau, que l'on ne mange rien ! On ne désire que mourir et mourir vite.

Je pleure toujours sur mon fils qui vient de partir ! J'envoie souvent demander de ses nouvelles. J'ai bien du chagrin à cause de son départ. Mes pensées sont errantes, ici, là et partout ! Peut-être vais-je tomber malade !

O mes femmes ! O mes femmes ! O mes dieux ! O mes dieux ! Je suis brisé en deux morceaux. Le fiel dans mon corps est répandu.

LE DÉSIR

Tout ce que je désire, tout ce que je veux, c'est qu'elle vienne et que je voie sa figure !

Puruorooro, c'est l'expression d'un grand désir. Quand arrivera-t-elle ? Où est-elle ? Elle est là ! C'est ma grande affection, Puruarahu.

C'est un désir aussi fort que le courant d'une rivière, un désir fort et ardent. Il ne sent pas le vent qui souffle, la tempête. Il n'a pas peur. Le huatau, le vent du nord, est pour lui comme une petite brise, un vent léger, tandis que c'est un vent qui rend aveugle et fait changer la couleur du visage.

C'est un désir qui réclame toujours, qui veut tout avoir.

Il y pense toujours ; il veut toujours l'avoir.

Son sommeil est plein d'anxiété. Il n'a de repos ni le jour ni la nuit. Dès qu'il la rencontre ou qu'elle arrive, il est à son aise, il est content.

LA GUERRE

Les guerres entre les Tahitiens avaient la plupart du temps pour point de départ des contestations survenues à propos de la pêche. Quelques discours transmis de génération en génération et déclamés aux jours de fête vont nous le prouver.

Ne me parlez pas ! Le pêcheur est aussi un guerrier. Il lutte avec la mer, avec la vague, avec le sauvage requin, le vorace poisson qui se tient à l'entrée de la passe. Et parce que votre rivage et le mien ne sont pas clos, nous en sommes venus aux mains. Vous m'avez fait tort malignement, mais quand nous nous rencontrerons face à face, ma défaite et votre bravoure seront oubliées !

Vous êtes un homme turbulent, un homme qui a une grosse voix. Quand vous m'accusez, je suis tranquille. Vous êtes un homme turbulent, un homme qui a une grosse voix. Les chefs sont en autorité. Quand la guerre sera déclarée, alors votre passe sera fermée ; vous serez comme dans une nasse, dans un fossé.

Savez-vous faire la guerre ? Etes-vous un champion ? Laissez-moi ma portion dans votre pays avant que les os des mâchoires des guerriers tombés ne soient au *Marae* et que ne soient dites les prières du prêtre qui sait comment on délivre son pays !

Le discours suivant est aussi une déclaration de guerre, mais d'une forme plus obscure :

Le petit poisson noir empoisonné a une pensée à dire. Le poisson abandonné est percé par le pieu que l'on tient dans la main. Qui pousse le canot au large ? Un vil petit poisson.

Le poisson mourant voudrait dire quelque chose et retrouver la vie sous le banc de corail.

Il voudrait, le poisson borgne, dire quelque chose :

« Vous venez dans une pirogue d'écorce en jouant de la pagaie. Ce n'est pas une pirogue de la mer. Vous mangez comme un glouton et vous n'appréciez pas cette nourriture. Savez-vous comment dormir sur vos rivages sans un oreiller ?

» Je suis celui qui connaît tous ses ancêtres, tous ses parents jusqu'à présent.

» Regarde à ma tête, toi ! Elle est pleine de l'eau qui vient de mon pays ; elle est blessée d'un coup de la pierre lancée.

» Regarde à ma tête ! Elle est pleine des cicatrices de la lance.

» Regarde à moi, toi ! Qu'est-ce que vous attendez ici ? Tu manques de ressources ! As-tu l'adresse d'un homme ? Tu n'es qu'un maladroit.

» Tu as le corps d'un homme et les désirs d'une femme ! »

Je reviendrai plus tard sur ces chants de guerre et sur ces récits de batailles.

XII

Les Arioi. — Leur légende. — Histoire de cinq petits cochons. — Le Roi, les Gros-Ventres. — Les Arioi et les pêcheurs.

Les Arioi ont beaucoup occupé les voyageurs. Qu'était-ce au juste que cette secte mystérieuse et qu'y avait-il de vrai dans la croyance généralement répandue que les affiliés tuaient leurs enfants au berceau ? L'existence même de la secte, le caractère qu'elle prenait d'une caste investie d'honneurs et de privilèges, l'appareil religieux et militaire dont elle s'entourait, jettent un jour particulier sur les mœurs des Tahitiens et sur leur passé si obscur et si énigmatique.

On n'attend pas de moi que j'entreprenne des recherches historiques. Les manuscrits de M. Orsmond m'en dispensent d'ailleurs. Ils sont si complets, si explicites en ce qui concerne les Arioi qu'il y a bien peu de chose à dire après eux. Les coutumes et les cérémonies des initiés y sont décrites, peintes pour ainsi parler, avec un tel luxe de détails et une préoccupation si visible d'éviter toute mystification qu'on ne peut révoquer en doute la véracité du narrateur.

Voici d'abord la légende de l'origine sacrée des Arioi. C'est comme une introduction poétique à la description un peu touffue des usages de la secte. Le cochon y joue un grand rôle, comme on le verra. *Arioi* veut dire joueur, acteur, danseur.

L'ORIGINE DES ARIOI

Les Arioi viennent de Vaiotaha, dans l'île de Borabora. Ils descendent d'Oro, roi de l'air et du firmament, le roi à la ceinture rouge. Oro, roi du ciel, et Vaiéa qui vivait dans l'eau avaient tous les deux des ceintures rouges.

Oro habitait le firmament avec ses femmes, Teuritaoaoa et ses compagnes. La femme bien aimée d'Oro était Atea, mais un jour il lui donna un coup de pied et elle tomba à Hahaione.

Pendant quelque temps, Oro vécut sans femme. Teurihaoaoa et ses compagnes eurent pitié de lui parce qu'elles le voyaient sans femme, et elles lui dirent : « Oro, nous allons chercher une femme pour toi. »

Elles partirent aussitôt. Elles étaient vêtues de feuilles de ti (dracena) et portaient un roseau à la main, un roseau pareil à celui dont on se sert dans le jeu appelé Apere.

Elles descendirent des cieux et abordèrent à Tahiti, la première terre qui s'offrit à leur vue. Les hommes et les femmes étaient assemblés, mais à Tahiti elles ne trouvèrent pas une femme qui fût digne d'Oro.

Elles partirent pour Raiatéa. Tous les hommes et toutes les femmes étaient assemblés, mais elles ne trouvèrent pas à Raiatéa de femme qui fût digne d'Oro. Toutes les femmes étaient laides; toutes avaient le visage plissé.

Elles partirent pour Borabora où elles trouvèrent une femme très belle pour Oro. Elle s'appelait Vairaumati, ce qui veut dire : « Mélange des douces liqueurs. »

Vairaumati était consacrée à Oro; elle était apparue pendant que grondait le tonnerre.

A Tahiti, Teurihaoaoa et ses compagnes n'avaient trouvé que des femmes aux laids visages, pâles ou colorés.

A Borabora, elles trouvèrent une femme très belle, digne d'être la femme d'Oro, dieu de la guerre. Elle s'appelait Vairaumati; elle s'abritait sous les nattes consacrées aux dieux.

Vairaumati était couchée. On l'a fait mettre

debout. Elle était venue à la lueur des éclairs et l'on en avait peur. Elle était fort belle. Son visage resplendissait comme le soleil au milieu du jour et comme la mer bleue qui réfléchit les rayons du soleil.

— Que voulez-vous? leur dit-elle. Que cherchez-vous ?

— Nous cherchons une épouse pour notre frère!

— Où donc est-il, votre frère?

— Il est dans le firmament.

— Est-il beau ?

— Il est très beau !

— Est-ce vraiment moi que vous cherchez ?

— C'est toi et c'est pour te chercher que nous sommes venues ici ! Veux-tu être la femme de notre frère ?

— Dites-lui de venir !

Elles remontent dans les cieux pour annoncer à Oro qu'elles lui ont trouvé une femme.

Quand elles arrivent, il dort. Elles le réveillent et lui disent :

— Lève-toi ! Nous t'avons trouvé une femme !

— Où est-elle ? demande Oro.

— Là-bas, sous nos pieds ! Elle est à Vaiotaha, dans l'île de Borabora.

Oro prend son vol et s'élance dans l'espace. Il plane sur l'univers et descend vers la terre.

Il aperçoit Vairaumati défendue par l'esprit rouge, Vane tea, et par l'esprit blanc, Vane ura.

Il est émerveillé en la voyant.

Dès que Vairaumati aperçoit Oro, elle s'approche de lui, et ils vont dormir ensemble...

Pendant trois nuits Oro dort avec Vairaumati, puis il se met à songer. Il a honte parce qu'il n'a fait aucun présent à sa compagne. Elle a apporté beaucoup de choses avec elle, mais lui, Oro, n'a rien...

Oro songe. Il faut qu'il fasse à sa femme des présents équivalents à ceux qu'elle a apportés. Il songe et s'en retourne dans le firmament afin de chercher un cadeau pour sa compagne.

Il trouve ses sœurs et il leur demande où sont leurs fils ?

— Ils sont ici, répondent-elles.

— Apportez-les ! Je veux les emporter comme un présent pour mon épouse.

Les sœurs d'Oro pleurent sur leurs enfants qu'Oro appelle à lui, qu'il change en porc et en truie, et qu'il emporte pour sa femme.

Oro est revenu près de Vairaumati. Il dort avec elle et, pendant la nuit, la truie devenue pleine met bas cinq petits cochons.

La truie est conduite aussitôt chez le tahua, prêtre, qui la dédie à Oro et consacre les cinq petits cochons.

Le cinquième cochon était le Vahapu (mot dont on se sert quand le tapu ou tabu, défense de prendre, de toucher, est enlevé).

Le quatrième cochon était celui des Araroa (voyageurs) qui vont de place en place pour Oro.

Le troisième cochon était celui qui s'approche des femmes pour consommer l'adultère.

Le second cochon était celui qui fut chassé dans la mer, le marsouin.

Le premier cochon fut le cochon sacré des Arioi. On l'appelait *Ia i te mah oehoe*, le poisson errant dans les eaux profondes. Son maître était Oro i te tea moe, le dieu Oro aux plumes rouges. C'est du dieu aux plumes rouges que descendent les Arioi ; c'est de lui seul que descendent tous les Arioi de l'univers. Ils n'ont pas d'autre origine.

Oro veut laisser son cochon à Opoa, à Havaiï ou à Raiatéa, mais il ne trouve pas un endroit pour le poser ; il est obligé de le porter dans ses bras.

Oro rencontre Mahi. Il lui dit : « Mon ami Mahi, voici une chose excellente, un cochon. Va-t-en à Tahiti, et trouve une place où nous pourrons le mettre ! »

Ici, la légende se bifurque. Oro n'y joue plus qu'un rôle secondaire : le héros est désormais Mahi, qui vient s'établir à Tahiti avec le cochon sacré.

Mahi part aussitôt. Il vient à Tahiti dont tous les habitants sont rassemblés devant le Marae. Haato était alors le premier prêtre d'Oro. Il priait devant le peuple.

Personne ne dit à Mahi de venir manger. Il a

faim et doit se contenter de nono upu. Personne ne lui dit : « Viens dans ma maison ! » Il cherche un ami à Tahiti, mais il ne peut en trouver un seul. Il s'en retourne à Opoa. Opoa, c'était le grand marae de Raiatéa.

Trois fois Mahi vient à Tahiti et trois fois il s'en retourne à Raiatéa. La troisième fois, il rencontre enfin un ami à Tahiti. Il va jusqu'à Afaahiti (un district de l'Est) et rencontre Taurua, Étoile du Matin, une jeune fille dont le père s'appelle Hua Tua. Elle était teinte du jus de mati, qui est rouge.

Taurua dit à Mahi : « D'où viens-tu ? » Il répond : « Je suis sans un ami. Je vais ici et là. » Étoile du Matin lui dit alors : « Entre dans la maison ! Je vais appeler mon père Hua Tua. »

Elle appelle son père qui vient pleurer auprès de Mahi quand il apprend qu'il est sans ami. Le vieillard dit à son hôte : « Salut à toi, Mahi. Je suis heureux que tu sois venu dans ma maison ! »

Hua Tua fait apporter des cochons. Il les donne à Mahi en lui souhaitant la bienvenue et les consacre en prononçant le nom d'Oro, le dieu à la flèche cachée.

Un cochon reste qui erre devant la maison. Il reçoit le nom d'une ronce qui se trouve à Taravao. C'était le cochon que Mahi avait apporté, qu'il avait dédié à Oro et laissé en liberté.

Mahi dit à Hua Tua : « Epargne ce cochon ! Je désire le placer sur ma pirogue Hotu. Dès qu'elle sera prête à être lancée, je reviendrai à Tahiti sur cette pirogue. »

Hua Tua fait préparer des provisions pour Mahi. Il y avait des cochons, des étoffes, des vivres de toutes sortes.

Mahi s'écrie : « Qu'est-ce que cela ? J'ai fait un heureux voyage ! J'ai trouvé un ami à Tahiti ! Il m'a donné ces cochons cuits pour moi ! »

Puis il partage l'un des cochons. Il envoie une épaule à Taura Atua (Endroit où le Dieu s'arrête) qui habite à Moorea ; une autre épaule à Mataa (Œil luisant), qui habite Papara. Cette seconde épaule fut apportée aux rois de Papeuriri en échange des plumes rouges destinées aux dieux. Une cuisse fut envoyée à Maro Ura (Ceinture rouge), qui habite Hitia, et l'autre cuisse à Atea, qui habite Raiatéa.

Maintenant qu'il a trouvé un ami à Tahiti, Mahi retourne à Raiatéa où il plante, dans l'îlot Motutorea, des « aute » pour donner à manger à ses cochons et où il fait préparer des rouleaux d'étoffe d'écorce pour Hua Tua.

Cependant Mahi songe que son ami est pauvre, un homme d'un rang inférieur. Il voudrait trouver un ami d'une classe plus élevée, et il attend l'arrivée de Tamatoa, le roi de Raiatéa.

Tamatoa arrive. Mahi lui dit : « Tamatoa, je t'apporte toutes ces choses : une pirogue double, un cochon, un chapeau magnifique, un rouleau d'étoffe, des plumes rouges et noires, des perles brillantes. »

— Que veux-tu de moi ? demande Tamatoa. Pourquoi me donnes-tu toutes ces choses ? »

— Je désire porter ton nom, Tamatoa, répond Mahi, et que tu portes le mien ! Tamatoa sera mon nom, Mahi sera ton nom !

Tamatoa accepte de grand cœur mais à la condition qu'ils iront s'établir tous les deux à Opoa. Ils partent.

A Opoa, Tamatoa prend le vané, l'étoffe dont l'idole Oro est enveloppée, et il en couvre Mahi à qui il demande de faire connaître son désir.

Mahi désire que le grand cadeau qu'il prépare en ce moment puisse parvenir en sûreté jusqu'aux cuisses de son ami Hua Tua à Afaahiti, à qui il a beaucoup de choses à donner.

Tamatoa réunit beaucoup de choses :

Une pirogue qui porte le nom de Hotu (Comme un grain qui pousse).

Une prière qui enseigne à tuer son ennemi.

Une corde d'écorce de noix de coco pour attacher des pirogues ensemble.

Une corde d'écorce de noix de coco pour atteindre le ciel.

Une trompe qui résonne en toute saison.

Une noix de coco pour servir de bouteille.

Un chapeau, l'ombre du dieu Tii, idole sculptée, celle qu'on appelle le soutien de la maison.

Une étoffe faite de feuilles séchées depuis longtemps.

Un éventail qui signifie : « La paix est rétablie ! »

Un oreiller appelé Fefeu, celui qui cherche querelle.

Une ancre appelée Raituavao, bien solide.

Un rouleau d'étoffe comme on en voit sur les rivages de Tahiti.

Une pièce de bois sur laquelle on fabriquait les étoffes avec les écorces en les tapant sans relâche, d'où son nom de « Bruit constant ».

Un marteau en bois appelé la Réunion des cieux

Une étoffe appelée le Long figuier de la déesse Hina.

Une cloche appelée la Langue des cieux.

Une tapa ornée de plumes rouges.

Tamatoa dit à Mahi : « Voilà ce que je te donne pour être ajouté au grand cadeau que tu vas faire. »

Mahi répond à Tamatoa : « O roi, puisque tu m'as donné ces choses, elles seront portées jusqu'aux cuisses de Hua Tua à Afaahiti. »

Teramanini de Raiatea et Huaatua d'Afaahiti se partagèrent les présents. C'est depuis que ces présents furent placés sur les genoux de Huaatua que les Arioi se sont institués à Tahiti. Ils venaient, du côté de la pleine mer, d'un îlot situé près de la case d'Oro à Raiatea et ils se tenaient aussi près de la maison du petit Auna.

Avez-vous compris quelque chose ?

Avez-vous saisi le lien qui peut exister entre le veuvage d'Oro, roi du firmament et de l'espace, sa rencontre avec « Mélange des douces liqueurs », la transformation des jeunes garçons en cochon et en truie, la naissance des cinq petits cochons, les pérégrinations de Mahi et sa rencontre avec «Etoile du Matin», l'amitié qui se noue entre Mahi et Tamatoa, et l'origine sacrée des arioi? On peut difficilement imaginer quelque chose de plus décousu que cette légende où le fantastique coudoie le naturalisme et où le cochon poétisé ou cuit sert tour à tour d'emblème et de nourriture. Telle quelle cependant, elle étonne, intéresse, instruit.

Les mœurs et les coutumes des arioi méritent d'être connus. M. Orsmond a recueilli à cet égard, de la bouche des vieillards, des renseignements fort curieux mais que leur abondance ne laisse pas de rendre un peu fastidieux. Le Tahitien est prolixe, verbeux. Il aime à s'entendre parler et ne craint pas de se répéter. Il m'a fallu réduire à des notes parfois très brèves une accumulation d'épithètes sous lesquelles se perdait le trait principal, essentiel.

Les arioi portaient des marques distinctives; ils étaient tatoués de façon à se reconnaître entre eux. Dans chaque district, ils avaient un chef, le roi des arioi, qui était l'homme le plus versé dans les vieux récits tahitiens et portait une ceinture rouge, en parodie de la ceinture de plumes rouges dont les rois entouraient leurs reins.

Il y avait plusieurs grades parmi les arioi.

L'arioi dont les jambes étaient entièrement tatouées depuis le pied jusqu'à l'aîne était le chef ou le père. Il était très respecté. C'était le roi qui l'avait promu au rang suprême. On le reconnaissait aisément. Son corps était oint d'une huile odoriférante et son visage luisait. Il n'y avait pas d'homme plus grand que *l'avae parai* (Jambes noires). Il conduisait la troupe des arioi, s'habillait à sa fantaisie, et portait la ceinture rouge. Il avait plusieurs pirogues et, dans les cérémonies, assis sur un siège élevé, il appelait par leur nom ceux qui devaient se partager les cochons et les fruits.

La deuxième classe des arioi était celle dont les membres se tatouaient sur les côtes.

Les arioi de la troisième classe se tatouaient sur le dos.

Ceux de la quatrième classe se traçaient un cercle noir autour des poignets

Les arioi de la cinquième classe n'étaient pas tatoués en noir.

Ceux de la sixième étaient tatoués des reins jusqu'au cou.

Les arioi de la septième classe n'étaient pas tatoués du tout, non plus que ceux de la huitième. Ces derniers ne suivaient pas les Jambes noires. Ils s'asseyaient par terre comme des paresseux...

'A la danse, ceux qui se frappaient l'aisselle avec la main portaient ou la ceinture rouge ou une ceinture de filaments de l'igname des montagnes (patara) ou une ceinture de feuilles de ti (dracena terminalis). Quand le jour de la grande fête arrivait, ils jetaient de côté leurs ceintures afin d'être plus libres de leurs mouvements et de pouvoir mieux provoquer leurs adversaires à la lutte.

Les Jambes noires étaient tous de beaux hommes d'une haute stature et bien proportionnés. C'est eux qui faisaient ces récits interminables où figurent les noms symboliques des pays, des montagnes, des lieux où s'assemblait le peuple, des terres et des ruisseaux. Avant le lever du soleil, ils préparaient leurs fours qu'ils recouvraient de feuilles ; puis ils allaient se baigner, s'enduisaient le corps tout entier d'une huile parfumée et manipulaient la teinture rouge dont ils ornaient leur visage. Ils vivaient séparés des autres hommes et voyageaient toujours sans porter de fardeaux. Certains arioi surveillaient les autres. Ils faisaient le tour des assemblées, ne pénétraient jamais au milieu, et s'assuraient si les rites étaient fidèlement observés. Au bout d'un certain temps, ces arioi étaient placés au premier rang mais ils ne se noircissaient pas les jambes.

Une classe à part était celle des arioi qui laissaient la vie à leurs enfants, violant ainsi l'une des règles essentielles de la caste. Ces arioi cessaient de vivre avec les « Jambes noires » et de recevoir des étoffes et des vivres. Ils n'avaient plus accès dans le sanctuaire, ils étaient dégradés et la ceinture rouge leur était ôtée ainsi que le cochon sacré qui était la marque de leur affiliation. Ils ne s'asseyaient plus sur des sièges élevés et ne parlaient plus en public. Quand on signifiait à un arioi sa déchéance, il commençait à se lamenter, s'éloignait en pleurant, enlevait la teinture rouge de son visage et l'huile de son corps, et il allait vivre auprès des anciens arioi qui, comme lui, avaient été chassés de la confrérie parce qu'ils avaient refusé de tuer leurs enfants.

L'arioi pouvait avoir plusieurs femmes, mais il ne devait laisser vivre aucun de ses enfants.

D'autres arioi habitaient en temps ordinaire dans le district et cultivaient leurs terres. Ils élevaient des cochons et construisaient des pirogues ou faisaient de très jolis chapeaux de paille. Quand ils voyaient leur case remplie d'étoffes et d'huile de coco, ils la quittaient et se mettaient à voyager.

De ce qui précède il semble résulter que les arioi constituaient une corporation aristocratique et guerrière, investie de privilèges dont elle n'était pas tout à fait indigne puisque le travail était en honneur parmi ses membres, accomplissant à certains jours donnés des rites où les discours, les chants et les danses tenaient une grande place, et jalouse comme toutes les corporations de ses prérogatives et de ses traditions.

C'est ainsi qu'il était expressément interdit aux profanes de pénétrer dans l'enceinte où les arioi étaient occupés à se partager les cochons et les étoffes. L'imprudent s'exposait à la mort car sa seule présence était un sacrilège et déshonorait la fête. Dès qu'on l'apercevait on se jetait sur lui, le casse-tête à la main.

Les arioi n'étaient pas nombreux et c'était une des causes du prestige qui les entourait. Il y avait tout au plus quinze Jambes noires à Tahiti; chacun avait un cochon sacré, un vêtement sacré fait d'écorce et une ceinture rouge.

Le cochon sacré n'était jamais mangé, dans le principe. On lui perçait les oreilles de trous où l'on plaçait des fruits de petite dimension. Quand le moment du sacrifice était arrivé, on l'étranglait, on l'enveloppait dans une ceinture rouge et on le portait devant le marae où il était consacré au dieu Oro. On le laissait se corrompre et les cochons vulgaires, les chiens ou les chats le dévoraient. Les Jambes noires ne mangeaient le cochon sacré que lorsque dans un rite spécial on l'exposait et l'attachait à un poteau.

Aux classes d'arioi que j'ai déjà énumérées il faut en ajouter plusieurs. Il y avait l'arioi « Cordage d'écorce de noix de coco orné », un personnage, qui habitait avec sa famille de très grandes cases à l'écart du district. Il était aussi fier, dit le narrateur, que les instituteurs européens, et ne se tatouait que légèrement, au-dessus du genou, quelquefois au jarret.

Les *arioi poo* étaient des apprentis en quelque sorte. C'étaient eux qui battaient des mains contre les aisselles quand les initiés dansaient, qui apportaient la nourriture aux joueurs mieux exercés, qui allaient à la pêche, faisaient la cuisine et puisaient de l'eau pour les « Jambes noires ». C'étaient des néophytes qui avaient quitté leurs parents et leurs amis pour se joindre aux arioi. Dans les fêtes, tout en gesticulant, ils répétaient sans cesse le nom du grand arioi qui les avait introduits dans la corporation.

Les *arioi papaatea* ou arioi à la peau blanche n'étaient pas tatoués et n'avaient pas de logement. Ils vagabondaient et mendiaient dans les districts quittant une compagnie pour une autre. « Où est cet homme ? demandait-on. » Il est avec les peaux blanches vaguant dans le pays. Il était méprisable aux femmes de Tahiti de s'approcher d'un homme qui n'était pas tatoué

Il y avait aussi des arioi féminins, des « Jambes noires » du sexe auquel nous devons notre mère, cf. Legouvé. Elles vivaient à côté des hommes aux jambes noires comme les leurs. Toutes les danseuses reconnaissaient l'autorité de la femme du chef des arioi mais elles formaient un corps séparé.

Ne dirait-on pas vraiment que l'on a affaire à une congrégation, à une maîtrise plutôt, et ne retrouve-t-on pas dans cette institution mystérieuse et fermée les caractères des grandes communautés religieuses, quelque chose comme une manifestation intéressante de l'esprit d'association et analogue par certains côtés à ce qui existe dans nos pays ? Tout ce qui touche aux arioi était sacré, l'endroit où ils se réunissaient, le *Taveha*, comme les sièges élevés qu'ils s'attribuaient, les *iri noho raa no te arioi*. Ils avaient à Tahiti et à Mooréa des cases célèbres où ils exécutaient leurs danses et leur chants mêlés de déclamations comme nos anciennes comédies étaient mêlées de couplets.

La grande case des joueurs, dans le district de Porionuu, était celle de l'arioi *Moua roa*, montagne longue. C'était une case de trente à cinquante brasses de long. Marchant avec orgueil comme le coq à côté de la poule, Moua roa disait:

Je suis Longue Montagne, le premier arioi du Porionuu, la plaine des armées. Ma montagne c'est Mahue; l'endroit où s'assemble ma compagnie c'est Vairota; ma terre s'appelle *Ahu roa*, Longue Vallée; ma rivière est Puoro.

Dans les notes que j'ai sous les yeux défilent les uns après les autres les principaux chefs des arioi. Tous leurs discours se ressemblent; ils prennent tous en parlant l'attitude hautaine du coq auprès de la poule ; ils ont tous leur cochon sacré, leur vêtement sacré, leur ceinture rouge. Ils ne diffèrent que par le nom. Ils s'appellent : Grand maître des cérémonies, Petite pirogue avec une pierre blanche voguant où la mer se brise sur les récifs, etc., etc... A la longue, il est fatigant de les entendre nommer, avec la même jactance, leur montagne, leur maison, leur marae et leur rivière. Passons.

Ces cases des arioi étaient aussi grandes que celles des chefs de district ou des membres de la famille royale. Ils les construisaient en commun et se réunissaient pour aller chercher le bois, le bambou, les feuilles sèches de pandanus dont elles étaient faites. Cette propension à bâtir a été depuis exploitée pour la construction des fare hau, maisons communes, des temples et des écoles.

Quelques détails encore. Il y avait quatre classes de personnes à Tahiti : les rois, les gros-ventres ou vieillards, les sénateurs si l'on préfère, les arioi et les pêcheurs. Les rois ou chefs avaient autour de leur maison un mur de pierres posées les unes sur les autres ; les arioi entouraient leur case d'une barrière en bois de mayoré ; les pêcheurs se contentaient de barrières formées de petits morceaux de bois. Quant aux gros-ventres, ils habitaient le marae et servaient les dieux. Les gros-ventres laissaient croître leurs cheveux. Chaque classe instruisait la jeunesse à sa façon. Le roi dressait les domestiques dont il avait besoin. Les gros-ventres éduquaient des hérauts, des messagers, des veilleurs et des porteurs de dieux. Les arioi instruisaient les jeunes gens pour en faire des acteurs, des danseurs ou des mimes. Les pêcheurs leur enseignaient la pêche afin qu'ils pussent à l'âge de puberté devenir des pêcheurs à leur tour.

Le roi nommait le chef, le roi des arioi, l'*arii arioi*. La désignation faite devant l'assemblée, un des premiers parmi les arioi criait : « Donnons les Jambes noires à un tel ». Si la foule y consentait, les jambes du nouveau chef étaient tatouées sur l'heure, en public. Ce roi des arioi était, le plus souvent le parent d'un chef et depuis longtemps on le destinait à cette haute fonction dont ses fétii et alliés tiraient un grand profit :

Quand on a des parents il faut les soutenir.

XIII

Le Mariage de Roti. — La naissance des Étoiles. — La vengeance de Tetohu, prêtre de Nuurua. — Ressouvenirs antiques. — Encore les arioi. — Tout à l'amour. — Les filles laides.

Je cherche depuis longtemps querelle à Pierre Loti. Pourquoi Loti ? Il n'existe point d'*l* en tahitien. En style d'erratum, c'est Pierre Roti qu'il faut lire et le titre du célèbre roman suivant la fortune du nom de son auteur c'est le *Mariage de Roti* qui nous enchanta. Grâce à l'absence de certaines consonnes, de Clémentine on fait Térémentine en ce pays charmant. La langue tahitienne est d'une rare indigence en mots comme en articulations, mais elle est très douce. Le « non », *aïta*, et le « oui », *éh*, prononcés par une demi-blanche, sont des syllabes aussi musicales que le « *si* » de l'italien que l'on parle à Florence.

Vers 1819, une très vieille femme racontait à M. Orsmond la genèse des étoiles. L'ombre d'Arago et celle de Leverrier souriront de ce récit.

LA NAISSANCE DES ÉTOILES

Caverne puissante qui fait naître fut l'origine de toutes choses.

Il épousa la femme *Terre Noire* qui donna le jour au roi *Le Sable*.

L'Océan roula et le soir arriva. L'Océan roula et les nuages vinrent, et *Caverne puissante qui fait naître* abandonna la femme *Terre Noire*.

Caverne puissante qui fait naître fut l'origine de toutes choses.

Il épousa la femme *Grandes Ordonnances* qui donna le jour au roi *Étoile*.

L'Océan roula et la lumière parut. *Petite Vallée coup sûr d'un guerrier* et *Vallée puissante* furent des étoiles. *Ciel clair et jaune* fut leur roi.

Quand *Vallée puissante* épousa la femme *Reine Unique*, le roi *Deux grandes Époques* naquit. *Deux grandes Époques* est l'étoile qui traverse la nuit, étoile lumineuse comme la boussole de l'Est.

Deux grandes Époques se fit une pirogue qu'il appela *Œil changeant*, il vogua sur la mer jusqu'au roi *Sud* qui habite vers les récifs de corail, et il épousa *Caverne*.

Douleur d'un père chéri fut leur boussole et leur fils, le roi *Amorce Rouge* naquit. C'est lui qui se lève le soir avec un œil rouge et dont la clarté enflamme le ciel. C'est le dieu qui vole avec des réverbérations remplies de merveilles.

Amorce rouge se fit une pirogue qu'il appela le *Grand Jour qui vole dans le ciel,* et fit voile vers l'Orient.

Le *Grand Jour* épousa la femme *Coquille du Ciel.* Celle-ci donna le jour au roi *Deux Grandes Epoques* qui guide la pirogue vers *La Bonite.* Ainsi fut établie pour toujours la nuit dans le sud. Naquirent ensuite *Cacher, Vide, Jamais, Pince, Tromper* et *Réputation* pour la nuit, et l'*Homme* pour le jour. *Grande Réputation, Réputation d'un Esprit, Esprit mort, Coupé, Premier Jour de la Lune, Tordre-par-plaisanterie* et *Origine* furent les étoiles du ciel de *La Bonite.*

L'Océan roula et *Oubli* parut avec *Avant-Coureur* et *Bien marqué,* et leur pirogue fut appelée *La Bonite,* la pirogue de la sérénité suspendue sous le ciel et qui vogue vers le roi *Ouest.*

Le roi *Ouest* épousa la femme *Juste Mer d'odeur forte,* qui donna le jour à *Parent qui mange les pierres.* Quand le roi *Ouest* épousa la femme *Ciel de longue justice,* les rois *Etoile filante* et *Vent fort du Nord* naquirent.

Le roi *Etoile filante* épousa la femme *Couvert du Ciel.*

L'Océan roula et *Étoile des Mouches* parut.

L'Océan roula encore et *Étoile scintillante* parut pour embellir la maison irrégulière, le ciel.

Tout cela fut ordonné pour rendre plus éclatante la splendeur des *Deux Epoques* et pour réunir une grande assemblée devant le roi *Ivresse*.

Ce rébus astronomique n'a jamais été déchiffré. Qu'est-ce que *Caverne puissante qui fait naître*? Le dieu créateur ou le soleil, le grand générateur?

On trouvera peut-être plus d'intérêt à la légende guerrière, au récit plutôt que voici, et qui est dû aux souvenirs de l'orométua (pasteur) Turaitaroa, plus connu sous le nom de Tiupo que lui avait donné la feue reine Pomaré.

LA VENGEANCE DE TETOHU
PRÊTRE DE NUURUA

L'origine de la vengeance de Tetohu fut l'affront infligé à trois rois, lors de la grande fête de Tarahoi, ordonnée par l'illustre roi de Teporionuu, Tériietutetanooterai Tuuieaaiteatua. Cette fête fut célébrée près du marae de Raianaunau à Papaoa. Les rois de tous les promontoires de Tahiti et de Moorea avaient été conviés à cette solennité où devaient être mangés les porcs sacrés aux pendants d'oreille de fibres de coco.

Presque tous les rois étaient venus. Ils s'assirent

en cercle, appuyés aux pierres royales, autour des aliments préparés pour la circonstance. Adossé à une pierre plus haute, le roi de Teporionuu présidait en silence et par gestes la distribution des cuisses et des épaules des cochons sacrés. Il étendait la main et désignait successivement les morceaux choisis et le roi à qui ils étaient destinés.

Trois rois furent oubliés, c'étaient Teraitua, roi de Varari (Moorea), Tetuanuimaruaiterai, roi de Punaauia, et Outu, roi de Mahaena.

Pour venger cet outrage, le roi de Varari déclara la guerre au roi de Teporionuu.

Les troupes ennemies se rencontrèrent devant la forteresse de Temahue, sur un plateau auquel aboutissent huit collines. Teraitua, roi de Varari, avait pour allié Tepau, roi d'Afareaitu. Bien que ce dernier ne se fût pas rendu à la fête de Tarahoi, l'affront reçu par Teraitua ne s'en adressait pas moins à lui également, et il en était de même pour Tevahituaipaté, aroi de Paea, l'allié de Tetuanuimaruaiterai, roi de Punaauia et pour les trois frères de Outu, roi de Mahaena, qui étaient les rois de Ahuare, Atiraa et Vahitaraa.

L'armée de Moorea fut défaite... Ses morts blanchirent au soleil sur la plage et sur le récif de Taaora à Papaoa.

Tetohu, prêtre du marae de Nuurua, le marae de Varari, fut fait prisonnier et conduit au fort de Temahue où il devait être mis à mort.

Ceux des guerriers de Moorea qui avaient échappé

se tenaient au large sur leurs pirogues de combat. Parmi eux se trouvait le roi de Nuurua, Temana. Quand Tetohu fut pris, on confia sa petite fille à Temana. Cette enfant avait à peine cinq ou six ans ; elle s'appelait Teroroitiahiooarii.

Tetohu prisonnier songeait à faire parvenir un message aux gens de Moorea. Il implora de ses gardiens la suprême faveur de pouvoir embrasser une dernière fois son enfant bien-aimée. Le vainqueur se laissa toucher. On alla chercher la petite Teroroitiahioarii et on l'amena vers son père. Tetohu la prit dans ses bras, l'assit sur son genou droit, et répandit des larmes amères à la pensée qu'il ne reverrait plus ni sa fille ni son île de Moorea, qu'elles allaient bientôt l'une et l'autre disparaître pour jamais à son regard.

— Pourrais-tu, Teroroitiahioarii, retenir ce que je vais te dire ? demanda Tetohu à sa fille, au moment où ils étaient sans témoins.

— J'essaierai ! répondit l'enfant.

— Eh bien ! Voici ce que tu diras de ma part au roi Temana : « Dès que tu seras de retour à Moorea, agis. » S'il te demande ce qu'il doit faire, tu lui répondras : « Il faut construire des pirogues de combat. Moorea a huit districts, Temahue a huit collines ; il faut construire huit pirogues de combat. »

— Je retiendrai ces paroles, promit Teroroitiahioarii.

Tetohu ajouta :

— Dis encore à Temana : « Coupe des troncs de

Teofaainuurua (bois de tamanu fort et souple dont on faisait les pirogues de guerre), place ces troncs sur des traverses à Taarauava et quand ils auront été creusés en pirogues, mets-les à la mer à Taitaiavete. Lorsque, sur le récif de Matatiaro, tu verras une pieuvre, saisis-la et fais-en dix morceaux. Les huit tentacules seront pour les huit districts de Moorea: elles figurent les huit pirogues de combat et les huit collines de Temahue. Quant à la poche à encre, porte-la à Pereaïtu (Punaania et Paea), et le reste porte-le à Vahitaraa (Mahaena et Ahuare).

Après avoir entendu ces paroles, la petite Teroroitiahiorarii partit; dès qu'elle ne fut plus là, Tetohu fut mis à mort.

Arrivée près du roi Temana, l'enfant lui rapporta les paroles de son père sans en oublier une seule. Temana accueillit avec empressement le message de Tetohu dont il comprit sans peine la signification. La voile fut hissée bientôt et les derniers guerriers de Moorea retournèrent à Eimeo où Temana divulgua les ordres de Tetohu et son dessein de s'y conformer. Tous les guerriers de Moorea applaudirent.

Les troncs de Teofaainuurua furent coupés, placés sur des traverses à Taarauava et creusés en pirogues de guerre. Quand ces pirogues furent achevées, on les mit à l'eau à Taitaimavete. On vit une pieuvre sur la roche de Matatiaro; elle fut pêchée, découpée et l'on en distribua les morceaux comme l'avait demandé Tetohu. Les huit tentacules furent envoyées aux huit rois de Moorea, la poche à encre à Pereaitu et le reste du corps à Vahitaraa. La bouche et les dents demeurèrent à Vahitaraa et les yeux furent envoyés à la vallée de Taumatua.

Tous les districts qui avaient été humiliés dans la personne de leurs rois ou de leurs alliés à la fête de Tarahoi s'unirent, pour venger la mort de Tetohu, le prêtre du marae de Nuurua dans la coalition symbolisée par les morceaux de la pieuvre pêchée à Matatiaro.

Le mois de Teeri, un des anciens mois lunaires des Tahitiens, et la nuit de Tane, chaque nuit du mois avait un nom, les alliés, formés en trois corps d'armée, opèrent leur jonction. Leur ligne de bataille est établie à Tarae (Pirae). Ils montent ensemble à l'assaut du fort de Temahue dont ils s'emparent et massacrent sans pitié les malheureux habitants de Teporionuu qui s'y étaient réfugiés. Les femmes enceintes sont éventrées....

Les guerriers illustres qui périrent dans cette bataille furent Nuifitoa, frappé du « ae », lance, par Taneiarupa, Tauaitaatainuoroa, Tutahatautuatu et Raitutoa d'Eimeo, Aroaito et Toe de Pereaitu, Taneiarupa et Uetetoiroa de Vahitaraa.

Teporionuu fut complètement dévasté et tous ses villages incendiés. C'est ainsi que s'exerça la vengeance de Tetohu et que fut expié l'impardonnable affront de la fête de Tarahoi.

Le roi vaincu de Teporionuu, Teriietutetanooterai Tunuieaaiteatua fut emmené prisonnier avec sa famille au fort de Horora, dans une vallée de Tiarei.

La véritable grandeur procède de la simplicité et c'est par là que les poèmes antiques surpassent les œuvres de nos époques prétendues civilisées. Le récit qu'on vient de lire avec ses détails vulgaires, ses puérilités, pourrait-on dire, vaut surtout par ce parfum de vérité naïve autant que par cette allure sauvage et héroïque qui s'y mêlent et s'y confondent à chaque trait. Cette vengeance patriotique ordonnée par ce prêtre et ce père, confiée à cette enfant, exercée par ces guerriers obéissants, ne vaut-elle pas telle action des Grecs et des Romains recommandée à notre admiration par la pédagogie universitaire ou non ?

Au dire de ceux qui ont pénétré la nature tahitienne, de ceux qui se sont assis, le soir tombé, dans la case de bambou ouverte à tous les vents, il faut entendre raconter ces belles et anciennes histoires en la langue du pays. Les Tahitiens s'échauffent à ces récits. Leurs yeux brillent. Ils aiment surtout ces noms fameux, ces vieux noms de rois et de héros que le narrateur fait revenir à tout moment et dont la signification obscure augmente le charme de la légende tout en la compliquant. Il faut prendre son parti de l'absence de monuments littéraires écrits mais quel passé noble et glorieux révèle l'enthousiasme qui accueille encore ces chants et ces récits de batailles ? Sans effort la pensée évoque des troupes de guerriers au torse nu et luisant, au regard fier, et dont la haute taille, les muscles souples et forts ne semblent pas moins faits pour la statuaire que ceux dont le ciseau de Phidias ou de Praxitèle immortalisa la beauté plastique et idéale.

J'en reviens aux arioi. Il y a tant à dire à propos de cette secte mystérieuse que, sans avoir l'ambition d'épuiser le sujet, force m'est bien d'en reparler. Je n'ai fait qu'indiquer le rôle que jouaient les femmes dans la célèbre congrégation et c'est à peine si j'ai fait allusion au meurtre des enfants nouveaux-nés. Je n'ai pas encore dit qu'on les étranglait ou qu'on les asphyxiait au moyen du cordon ombilical.

Le sujet auquel je touche est délicat. A bien considérer les choses, il m'apparaît que les arioi avaient organisé la débauche et qu'ils en vivaient. M. Alexandre Dumas fils fera ce qu'il voudra de cette hypothèse qui n'a rien de hasardé.

Les femmes de chambre, *vahine roï*, femmes du lit, des arioi les suivaient dans leurs voyages. Elles portaient leurs vêtements et elles en prenaient soin, mais elles étaient respectées par eux. Quand les arioi faisaient le tour de Tahiti, ces femmes les accompagnaient toujours. Arrivées au district, elles se tenaient dans la maison réservée aux arioi et les jeunes gens criaient :

« Femmes, venez, venez, venez ! » Ils approchaient de la maison et demandaient : « Où sont-elles ? Nous voici ! Courons ! Non ! Etreignons-nous ici ! Venez ! venez ! ». Il se passait alors des scènes telles que Suétone en impute à Tibère et Tahiti était comme une autre Caprée. L'amour n'y était point vénal; tout se passait en plein jour et, ce qui peut donner une idée des excès où l'on se portait, c'est que des femmes en mouraient. Du regard et de la voix l'on s'invitait. Après le festin les femmes appelaient les hommes à leur tour : « Venez ! venez ! venez » ! leur disaient-elles. Provoquantes sous leur ceinture de ti (dracena terminalis), le corps oint d'huile odoriférante et de mati (ficus tinctoria) échevelées et ivres de kava, liqueur extraite d'une plante du pays, ces bacchantes devaient être belles en leur frénésie amoureuse. Les ressouvenirs de l'antiquité m'obsèdent.

Écoutons le narrateur parler des filles laides.

Voyez cette fille laide! Elle a soin de la maison. Elle est attachée à la maison par une corde. Qu'elle ne suive point les pas des arioi! Elle est comme un morceau de bois enfoncé dans la terre. Elle a une couronne et des vêtements de feuilles de cocotier ; elle a pour chapeau un panier. Elle doit avoir une lance à la main. On lui fait porter toutes sortes de fardeaux et, quand les arioi s'en vont, ils lui disent :

« Reste ici! Tu es laide! Reste dans le pays et garde notre héritage! Ne nous suis pas dans notre voyage de peur qu'on ne se moque de nous et que nous ne soyons insultés! Nous voulons que notre voyage soit heureux et, quand nous ferons le tour de l'île, nous serons reçus partout avec les acclamations des meilleurs danseurs de l'upa-upa, au son des tambours, au milieu des rires et des applaudissements! »

Mais à une belle fille, ils disent : « Viens et que les danseurs de l'upa-upa t'applaudissent avec nous. »

XIV

Le roi en tournée. — L'upa-upa d'autrefois. — Cérémonies funèbres et dansantes. — L'engraissement des enfants. — L'initiation. — Le pêcheur. — Lamentations sur une Femme.

Comme la royauté était à la fois élective et héréditaire, les rois se voyaient entourer d'un grand respect et leur arrivée dans un district était le signal de manifestations, de chants, de danses et de festins. Les romatané, une classe de prêtres, leur présentaient des feuilles de cocotier. Des rahiri, diacres qui veillaient aux danses sacrées, aux upaupa, et servaient à la fois la divinité et le roi, s'approchaient et prononçaient des discours :

Sois le bienvenu, ô Roi ! Salut à toi, Roi des multitudes. Salut à toi, Roi des terres ! Salut à toi, Roi qui viens des extrémités des cieux ? Ne viens-tu pas des hauteurs des cieux, des jardins des cieux ? N'es-tu pas venu dans une pirogue, assis à l'avant, à l'arrière ou au milieu ? Sois le bienvenu, ô grand Roi ! Voici le cadeau que ton serviteur te présente.

Tu es le grand Roi qui nous protège !

Viens et prends part au repas préparé pour toi !

Les rahiri ne s'en tiennent pas là. Ils s'excusent. Ils disent que les serviteurs des dieux et des rois ne savent pas comment il faut recevoir convenablement le roi. Ils offrent des cochons...

Le grand prêtre intervient :

«Salut ! Apportez le cadeau aux pieds du Roi ! Les cochons que vous avez offerts ont tout payé ! Vous ne devez plus rien ! La corde qui liait vos pères par le cou est détachée. Tout est bien, ô roi miséricordieux ! »

Alors le roi répondait :

« Allez en paix ! »

A cette heure encore quand Pomare V, roi déchu et pensionné du gouvernement de la République française, fait le tour de l'île, il reçoit de ses anciens sujets des marques de respect que soulignent les mêmes cadeaux, les mêmes cochons, et sa venue est saluée par les mêmes festins si ce n'est par les mêmes acclamations. Il faut qu'il s'en défende pour qu'on n'organise pas comme aux temps anciens l'upa-upa, la danse guerrière et sacrée, véritable motif à tableaux vivants, et qui ne tourne à l'obscène, assurent de bienveillants observateurs, que sous l'empire des excitations alcooliques.

Tous les événements un peu importants étaient d'ailleurs des prétextes à upa-upa.

On commençait par construire une case (faré) pour l'upa-upa. Tous ceux qui devaient y prendre part étaient nus ou ne portaient qu'une ceinture (maro) ainsi que la famille du roi et les notables (hui-raatira). Si l'upa-upa était donnée en l'honneur d'une personne sans importance, les danseurs étaient vêtus davantage. Si elle était donnée en faveur d'un guerrier mort sur le champ de bataille, les femmes y jouaient le principal rôle et la terminaient par une figure où elles s'abandonnaient au premier venu. Le guerrier qui avait tué son ennemi était considéré par la famille du mort comme un véritable ami, comme un frère même. Si le père était tué, les filles cherchaient un guerrier pour le remplacer. Elles faisaient de même pour un frère mort. La case ne pouvait rester sans tane, sans taata, sans homme, sans mari.

Quand un homme avait été tué, ses parents disaient : « Amis, nous avons une fête à célébrer ! Il nous faut sacrifier la tête d'un guerrier pour venger notre frère qui est mort ! Le voulez-vous ? Oui ! »

Alors commençaient les jeux, les danses, les festins et les exercices de la lance jusqu'à ce que tous ceux qui prenaient part à ces démonstrations fussent contraints de s'arrêter, épuisés et non rassasiés.

La veille du jour choisi, on allait chercher de petits bambous pour en faire des flûtes (vivos), et la salle préparée pour les danses était consacrée suivant les rites. Personne ne devait plus y pénétrer jusqu'à l'heure fixée.

Le matin, les femmes s'approchaient de la maison des danses. Toutes elles apportaient quelque chose à manger. Le feu était allumé et les vivres placés dans le four. La danse s'ouvrait alors par une invocation au dieu dont les prêtres, les romatané, avaient le pouvoir de donner la pluie à la terre ou de la lui refuser. Dans chaque lieu dédié aux jeux et aux danses, derrière la case elle-même, se trouvait toujours un marae. C'est là que le romatané disait les prières aux dieux, aux cinq dieux dont il était le prêtre.

Je voudrais m'en tenir là. Que de choses intéressantes j'aurais encore à dire pourtant ! Ces contes, ces légendes, cette peinture de mœurs étranges, cette fleur de poésie primitive m'enchantent tout le premier. Dans chaque détail je retrouve ce mélange de mollesse et de fierté, d'abandon et de courage qui paraît encore chez les Tahitiens que j'ai sous les yeux. Plus je vais, plus je me confirme dans l'idée qu'on est trop prompt à condamner une race qui possède un tel passé. Que l'on me pardonne donc si je consacre encore quelques lignes au Tahiti d'autrefois.

On engraissait les enfants. Les *Amouraai te hua pipi* étaient des hommes beaux et bien faits, bien nourris et bien entretenus dès leur enfance. Ils formaient une caste peu nombreuse, étaient aimés de toutes les femmes. Un simple contact, le fait de toucher la ceinture d'un *amou* avec le bout d'un bâton suffisait pour plonger les femmes dans une extase amoureuse.

Les enfants des hui-raatira étaient engraissés aussi. On les nourrissait pour cela avec l'*opio* sacré (mayoré laissé longtemps dans le four) et avec la *popoï* (mayoré ou feï écrasé qui entre encore aujourd'hui dans l'alimentation des petits Tahitiens). Ces aliments étaient préparés pendant la nuit. Tandis qu'on les engraissait, les filles ne pouvaient aller se baigner. Elles portaient des vêtements qui leur tombaient jusqu'aux pieds; le jour elles restaient dans la case; on ne leur permettait de sortir qu'un moment avant le coucher du soleil ou pendant la nuit.

Quand on parle des usages d'un peuple comme celui-ci, l'écueil est de voir des analogies partout. Comment ne pas songer au carnaval, par exemple, à propos du *marama raa pori*, mois où l'on se gorgeait de nourriture et que les arioi observaient fidèlement ? Les enfants des deux sexes étaient alors disposés en groupes. Ils ne portaient que le maro (ceinture) sauf les fillettes un peu âgées qui pouvaient se vêtir davantage. Les vivres, cochons, poissons, fruits, étaient apportés et préparés par les pères de famille et le repas commençait. Tout le monde donnait des étoffes aux arioi pour qu'ils fussent vêtus convenablement à ces fêtes.

Pendant le *marama raa*, l'arioi en chef désignait les hommes capables d'entrer dans la congrégation. Si un arioi avait un enfant adoptif ou un parent beau et bien fait, il lui donnait un nom et cet enfant ou ce parent était reçu aussitôt. Les célèbres *Jambes noires* dont j'ai parlé plus haut faisaient de leurs pupilles des arioi du premier rang. Les femmes des arioi choisissaient les plus belles filles pour compagnes.

Quelquefois, le corps luisant d'huile de coco, les personnes grasses étaient portées en triomphe jusqu'à l'endroit où se célébraient les jeux. Cette tradition s'est perdue avec tant d'autres comme à Paris celle du Bœuf gras si regrettée des badauds ; cependant les Tahitiens apprécient toujours l'embonpoint, et pour eux les plus grosses sont les plus belles femmes.

Après ces fêtes de la nourriture on s'allait coucher. Le lendemain, c'était le *Hua-pipi*. De la maison où l'on s'engraissait on se rendait dans un lieu ombragé. Là, le roi des arioi habillait le nouveau compagnon en lui donnant le *maro* (ceinture) et le *tiputa* (sorte de poncho). Puis il criait : « Voici le nouvel arioi ! Il est prêt ! Il peut aller dans sa maison maintenant ! Il en sait assez ! » On se rendait chez le Roi ; les arioi jouaient et dansaient. Un festin suivait.

Tous étaient parés d'étoffes aux couleurs éclatantes et couronnés de fleurs.

On appelait *Tatu pehe* ceux qui formaient des chanteurs et transmettaient à la jeunesse les chants composés par eux-mêmes et l'art d'en composer de nouveaux. Chaque district avait ses chœurs et ses chansons. A la fête de *Topata tahi*, les jeunes gens qui apprenaient à chanter offraient des présents, des vivres, des cochons, des fruits, des gâteaux et des étoffes à leur instituteur. *Topata tahi* veut dire une goutte. La première chanson de l'élève était comme la première goutte de son savoir ; on ne célébrait cette fête que si les jeunes gens étaient bien instruits. La fête terminée, ceux-ci rentraient dans leurs familles où ils enseignaient à leur tour aux jeunes filles ce qu'ils avaient appris des *Tatu pehe*.

Les Tahitiens ont leur clef des songes. Les petits volumes niais, imprimés avec des têtes de clou sur du papier à chandelle, que les colporteurs vendent dans les fêtes de village, en France, ne valent assurément pas les traditions étranges de ce pays mais ils en sont un peu cousins. Qu'on en juge !

Une étoile filante annonce le vent ou présage la naissance d'un roi.

Quand le petit grillon crie à l'avant de la pirogue près du rivage, elle chavirera au moment où la flotte des arioi voudra partir.

Si une femme rêve qu'elle porte un Té, sorte de palette en bois dont on se servait pour fabriquer les étoffes d'écorce, elle concevra bientôt et elle aura un fils.

Si une femme rêve qu'elle est allée cueillir des lis dans la vallée, elle aura une fille.

Si une femme rêve qu'elle s'est cassé une dent de la mâchoire supérieure, elle aura un garçon.

Si une femme rêve qu'elle s'est cassé une dent de la mâchoire inférieure, elle aura une fille.

Quand le prêtre a dit les prières sur une pirogue qui part pour un long voyage, il prend un morceau de *nape*, un fragment de corde d'écorce de noix de coco provenant du greement de cette pirogue, et le place sous une pierre plate devant le marae. Tandis que la pirogue est au loin, les amis du navigateur viennent trouver le prêtre et lui demandent des nouvelles de celui qui est parti. Si le nape n'est plus placé de même ou s'il est tordu, le prêtre dit : « La pirogue a chaviré loin du rivage ! » Si le nape est toujours au même endroit, le prêtre dit : « La pirogue a touché la terre ; le navigateur est sain et sauf ! »

Quand le navigateur part, il fait une prière : « Si je hisse la voile de ma pirogue et si je vais jusqu'à Tehua (une passe de Papara fort dangereuse), que les lames de la mer me portent et que je passe par-dessus les épaules du dieu Tane ! »

Quand le prêtre a consacré un fragment de cordage lors de la construction d'une case, et quand ce fragment de cordage a bougé, cela veut dire que la maison sera détruite par les Huhu, abeilles sauvages, ou par un incendie.

Si le pêcheur rêve qu'il traîne à la remorque un cocotier, le lendemain il prendra une anguille ou un requin.

Si le pêcheur rêve qu'il jette à la mer un morceau d'étoffe, il est certain de prendre le lendemain plusieurs sèches (*fee*).

Si le pêcheur rêve que sa pirogue est remplie de feuilles de cocotier, le lendemain sa pirogue sera remplie des thons qu'il aura pris.

Si le pêcheur rêve qu'il a tué un homme, il prendra le lendemain un gros requin ou des bonites.

Si le pêcheur rêve qu'une petite maison est construite à l'avant de sa pirogue, le lendemain il prendra une tortue.

Si dans une cérémonie religieuse les dieux laissent tomber seulement quelques gouttes de pluie, le prêtre déclare que cette cérémonie est défectueuse et sent la pourriture de la mort. S'il n'a pas plu du tout, cela veut dire que la guerre est prochaine. Si la pluie du ciel est tombée à torrent, le prêtre annonce que la fête sera propice. La paix est assurée et les dieux sont contents.

Quand une flottille de pirogues est préparée pour la guerre, si l'arc-en-ciel se montre peu distinctement, ceux qui ne servent pas les dieux prétendent que le succès est certain et que l'arc-en-ciel se moque des guerriers.

Si un homme coupe un arbre de sa hache et que son outil se brise, cela veut dire que le travail qu'il a entrepris ne sera jamais achevé car la guerre sera bientôt déclarée. C'est la fatalité qui a brisé la hache et tout le pays sera subjugué par l'ennemi. Si la hache est seulement ébréchée, c'est une chose mauvaise encore, un signe de maladie. Cet homme, sa femme ou ses enfants tomberont malades.

L'arc-en-ciel annonce le vent. Il signifie encore qu'un poisson est envoyé pour hâter la destruction des ennemis. Ce poisson s'appelle « le Poisson qui se tient sur l'arc-en-ciel. »

Si l'on rêve de la germination des plantes, on aura des enfants.

Quand la paix est conclue, si un homme commence à construire une case et qu'il éternue une ou plusieurs fois, la paix ne sera pas de longue durée.

Lorsque le scorpion se frappe trois fois avec sa queue, c'est un signe de guerre ou de maladie.

Quand un homme coupe un arbre pour le creuser et s'en faire une pirogue, si l'eau sort du tronc cet homme se met à pleurer. Cela veut dire que la guerre va commencer : la pirogue ne sera jamais finie, le pays sera vaincu, le travail abandonné.

Au moment du Tuituiporo, quand la pirogue est achevée, le prêtre regarde le feu. S'il est rouge d'un côté et pâle d'un autre, c'est un mauvais signe. La poix ne fondra pas. Le toit sera brûlé. La pirogue ne sera jamais lancée : la guerre va s'ouvrir....

A en croire les Tahitiens, la venue des Européens avait été depuis longtemps présagée ; on avait prédit que l'on verrait arriver des pirogues sans balanciers, des navires avec quatre branches, les mâts. Le prophète ne fut pas cru sur parole. Il jeta à la mer un *umete* (sorte de récipient sphérique en bois) qui surnagea, et s'écria : « Voyez, il ne chavire pas ! » Les Tahitiens répondirent : « Cela est peut-être vrai ! »

Quelques mots sur la maladie, la mort et l'embaumement.

Le prêtre qui guérissait une personne avait le privilège de présider aux cérémonies en l'honneur des dieux et du convalescent. Il ordonnait à la famille de préparer des étoffes rouges et, quand tout était prêt, il attendait la nouvelle lune. Toute la famille était réunie dans la maison du malade. On apportait des fleurs. de l'huile parfumée et des morceaux d'étoffe. Chacun en prenait un peu. Alors le prêtre racontait la maladie et la guérison. A son discours succédaient les discours des personnes présentes qui toutes faisaient des vœux pour que le convalescent jouît désormais de la santé. La bande d'étoffe destinée à chaque dieu était portée devant le marae de ce dieu.

Un prêtre présidait aux obsèques. Si le mort l'avait demandé, ses os étaient brûlés. On lui faisait les *Tia matapo poo*, une profusion de présents où les étoffes dominaient. Des morceaux étaient consacrés aux dieux ; le reste était pour la famille du mort. On en agissait ainsi par crainte de l'esprit de celui qui n'était plus. Sans cela, cet esprit serait venu tourmenter et détruire les membres de la famille. Pour célébrer la cérémonie funèbre on attendait aussi l'apparition de la nouvelle lune.

L'embaumeur retirait les viscères et les intestins du corps qu'il bourrait de linge imprégné de suc de datura et d'huile odoriférante. Le cadavre était ensuite écorché ; puis, quand il était sec, on le mettait debout comme un homme vivant, on le portait dans la maison des morts et on lui présentait des aliments.

Passons à quelque chose de plus gai.

Le Tahitien cultive le calembour et s'adonne à la charade :

Quel est le bois dont toutes les parties, le tronc et les branches sont durs ? C'est l'ati, le tamanu ; c'est encore l'enfant né loin de la maison et accoutumé au malheur !

Quel est l'arbre dont les racines sont intactes et en bon état ainsi que les branches, mais dont les feuilles tombent au premier souffle du vent, l'arbre qui crie toujours : «E aé ! E aé ! » C'est le petit enfant qui vient au monde.

Prenez garde à l'insouciance ! Ne faites pas comme Hitiu terai, le fameux guerrier de Moorea. Il vivait dans sa maison sans penser à rien. Et son marae a été détruit, ses arbres ont été pris pour en faire des lances. Il n'avait fait ni un casse-tête ni un harpon et il a été tué trompé par son insouciance.

C'est à Raiatéa que se sont le mieux conservées les légendes des dieux d'autrefois. Ces dieux étaient fort nombreux.

Il y avait entre autres :

Oro, dieu de la destruction, dieu de la guerre ;
Hiro, dieu de l'adresse, dieu des voleurs ;
Tane, l'homme dieu, le dieu de la beauté ;
Ruatupuanui, le chaos, le créateur de toutes choses.

Atea, déesse de l'étendue, femme de Ruatupuanui;

Taere, le dieu de l'abîme, de la fondation;

Apoarau, le dieu qui cache les choses; le messager de Tane;

Raitupu, le dieu de la naissance et de l'achèvement;

Tiatoatéa, le dieu qui bénit les efforts;

Tana-i-te-titiri, le dieu qui inspire les actions;

Tiaouri, le dieu de l'ombre, fils du dieu Tii;

Tii, dieu de l'ombre et de la dispute;

Ru, dieu de la colère.

T'aaroa-Tuhi-Mate, le dieu qui donne la mort;

Te Mehani, la porte de l'enfer;

Ruanuu, le dieu des têtes chauves;

Toahiti-mata-nui, le dieu des vallées.

Je reviens à la poésie :

LE PÊCHEUR

Je pars sur ma pirogue à travers l'horizon
Où l'abîme est entouré comme d'une étoffe,
Homme de l'ombre changeante où souffle l'alizé
Doux à la pirogue de Taunoa.
Et doucement la mer
Pleure dans le port de Huahine.
Tout est prêt pour le service
Mais les voix des orateurs sont brisées.
L'homme de l'Océan est mort
Et l'on a vu son visage.
Laissez-le dormir et qu'il aille au large !

19.

LAMENTATIONS SUR UNE FEMME

Le mari était Moanarai, Profondeur de l'Océan, et la femme Aitofa, Désir du Guerrier.

Viens de Toa, ô Aitofa !

Ma très belle mais fuyante femme !

Comme la marée qui monte et comme le déluge dans la vallée ainsi est l'excès de l'affection que j'ai pour toi.

O Aitofa, prends en pitié ton mari qui va mourir !

La mer immobile est comme la fille qu'on attend !

Ton époux s'évanouira d'émotion et d'anxiété quand il reverra le visage de son épouse bien-aimée venant vers lui avec amour !

Tes yeux sont les plus beaux de tous !

Quand ses regards rencontrent les tiens ton époux conserve l'image de son épouse; comme la lueur qui brille sur le récif ainsi est ton époux; il est comme la profondeur de l'espace.

Son chagrin est comme un grand nuage sombre.

Mon chagrin doit être comparé au ciel quand il est noir.

Hélas ! pitié, pitié pour moi !

O ma petite femme, ma douce et bien-aimée femme, reviens de tes voyages au loin !

Ma belle femme, mon amie et ma consolatrice dans le chagrin, mon amie dans les mauvais jours et mon soutien !

Je te ferai une couronne de fleurs de pandanus, ô Aitofa!

Maintenant tes artifices me troublent.

Tu fuis comme l'eau limpide du bain et comme la fleur qui s'évanouit.

Pitié pour toi, ô Aitofa!

Tu es comme une pirogue qui se perd!

O l'agonie de mon cœur, la peine de mon esprit!

Je ne vaux plus rien et je songe à la mort!

Une frénésie soudaine s'empare de moi!

Malheur à nous deux! L'esprit de ton époux se perd dans sa compassion pour sa femme!

Aie pitié, ma bien-aimée! Que ton aimable visage se tourne vers moi!

Ma case est détruite : je suis une épine brisée!

Quelle offense t'ai-je faite, ô ma petite femme? Pourquoi as-tu fui?

Pourquoi m'as-tu brisé aussi violemment! Pourquoi es-tu partie?...

Tu es une femme impitoyable!

Mon dépit est devenu un ouragan qui passe en moi!

Il n'y a plus de force en moi et cependant mon amour soupire après toi!

Je suis sans chaleur à cause de l'ardeur de mon amour pour toi!

O Aitofa, reviens! Ici sont tes rouges étoffes! Ici sont tes vêtements écarlates! Ici sont tes colliers de perles.

Tout ici est à toi comme moi-même, Moanarai, Profondeur de l'Océan.

XV

De Papeete à Mangareva. — Raivavae. — Rikitea.
Un Paraguay océanien.

L'envie m'a pris de voir les Gambier. Cet archipel a son histoire religieuse, politique et administrative. Tout en consultant mes notes de voyage, j'ai près de moi des brochures où les missionnaires rendent du mieux qu'ils peuvent les coups qu'on ne leur a pas épargnés. La querelle est ici non plus entre catholiques et protestants mais entre les Pères et le Gouvernement. On attaque et l'on se défend de part et d'autre avec une égale énergie. Du côté de l'administration, on entend l'apostrophe célèbre : « Varus, rends-moi mes légions ! » Autrement dit : « Où sont les quatre mille indigènes qui habitaient l'île autrefois ? Le drapeau français ne flotte plus que sur des tombes ! » Du côté des Pères, on veut établir que tout le mal vient de l'intrusion de la France dans le gouvernement de Mangareva. On a été jusqu'à dire que le Père Laval avait fait périr par le poison Grégorio Stanislas Maputeoa, le roi des Gambier, l'époux de Maria-Eutokia. Ce roman renouvelé des Borgia avait par trop d'invraisemblance.

Ce qu'il y a de vrai au fond de tout cela c'est l'existence, à l'abri du pavillon national, d'une colonie modelée sur le Paraguay au temps où les Jésuites y étaient les maîtres. Les Pères avaient institué un gouvernement plus religieux que politique. L'un d'eux présidait le conseil mixte où la régente Marià Eutokia puisait ses inspirations journalières. Ils étaient souverains et commerçants, quoi qu'on dise. Il faut convenir après tout que si cette population qui décroît à vue d'œil a pris au moins les apparences de la civilisation, c'est aux Pères qu'on le doit. Ils ont peu répandu l'instruction mais ils ont habitué les indigènes à se vêtir et les ont déshabitués de la chair humaine. Le mal est qu'ils ont préconisé la construction d'habitations en madrépores et que, grâce à la plongé et à ces maisons vivantes suintant l'humidité, les Mangaréviens ont été décimés par la phthisie, tués à coups de bâtisses. Doit-on encore reprocher aux Pères de n'avoir pas su réprimer efficacement l'ivrognerie, cette autre cause de mort?

Quand la France, en 1881, s'annexa définitivement, à la demande des habitants réunis en assemblée générale, l'archipel des Gambier, elle y trouva des ruines et des tombeaux. Le pays vivait sous un régime hybride. La principale ressource des habitants est la nacre. Des lagons appauvris on ne tirait plus rien, pour ainsi dire. La misère était grande, la misère intellectuelle comme la misère matérielle. Les Pères avaient élaboré des lois bizarres, on ne peut plus prohibitives, conçues tout en faveur de leur prééminence et où le souci de l'avenir des Mangaréviens tenait peu de place. C'était l'interdiction de vendre les terres ou de les louer sans l'autorisation du roi, l'exercice illimité du droit d'expulsion, etc... Toujours pressé, le commandant Chessé bâcla un Code nouveau qui reçut l'approbation des Pères précisément par ce qu'il consacrait en partie ces mêmes prohibitions. Les Maristes conservèrent toute ou presque toute leur influence politique. Ils sont encore, en l'an 1888, les maîtres de ce cimetière de trois mille hectares !

Pour se rendre de Papeete à Mangareva, l'île principale des Gambier, il faut fréter une goëlette ou s'embarquer sur l'*Orohena*, la goëlette du Résident français. Ce dernier parti est le meilleur. Le Commandant est un aimable homme, obligeant, de bonne humeur, un loup de mer qui ne montre les dents que pour sourire, et s'emploie à consoler de son mieux les passagers. On part de Papeete à huit heures du matin et en cinq jours on est à Raivavae, une petite île qui se trouve sur le chemin de Mangaréva. Les pâtés de coraux sont si nombreux aux abords de la rade qu'il faut attendre pour entrer l'arrivée du pilote, en même temps chef de district. Ce n'est qu'après deux heures de navigation à travers les récifs que l'*Orohena* jette l'ancre. On dîne et l'on se précipite dans le canot du commandant. Sur le wharf les indigènes sont rassemblés autour du gendarme chef de poste. C'est un personnage que ce gendarme. Il est toute la force armée et toute la police de ce petit coin de terre. Devant sa case flotte le pavillon aux trois couleurs. Il est soldat, administrateur, magistrat même. A lui seul il assume la responsabilité de la défense de l'île et du maintien de l'ordre et représente la patrie et la civilisation.

Il s'approche du commandant de l'*Orohena*, le salue, et parmi les indigènes éclatent les *Ia ora na*, les souhaits de bienvenue. Il n'est pas possible de se dispenser d'aller à la tare hau et d'entendre chanter les himéné qui célèbrent les vertus de l'ancien Résident et celles du nouveau. Le commandant aime les indigènes ; il répond avec chaleur à ces marques de sympathie et l'on va se coucher.

Raivavae est comme Tahiti une île de nature volcanique. Je pense qu'en cinq heures on la traverserait dans toute sa longueur et qu'il suffirait de deux heures pour la parcourir en largeur. Des roches énormes se dressent çà et là dont les crêtes dentelées ont des aspects de châteaux-forts avec des mâchicoulis et des créneaux à moitié détruits. Ces roches sont entourées de collines que recouvre une végétation abondante : l'arbre de fer, le *purau* l'*outou* aux larges feuilles, des bruyères, des myrtacées. Plus bas, dans la bande étroite de terre qui borde la mer, ce sont les orangers, les cédratiers, les cocotiers, les bananiers, les goyaviers, les arbres à pain, toute la flore de Tahiti. Dans le creux des vallées où l'eau abonde se cultive le taro et c'est merveille de voir comment les indigènes ont su canaliser ces mille petits cours d'eau, ces ruisselets que le nain vert Obéron boirait d'une haleine et qui portent la fertilité dans le pays. On trouve également la patate douce, cette contrefaçon sucrée de la pomme de terre, et la papaye qu'un Européen facétieux accommode à la façon du navet. A Raivavae, on élève le porc, la chèvre et le cheval; la volaille est abondante. Un cheval se vend de trente à quarante francs.

Avant de reprendre sa route, le commandant de l'*Orohena*, à la fois lui aussi administrateur et magistrat, rend la justice sous un cocotier. L'audience n'affecte pas une solennité exagérée. Il s'agit d'un chef destitué jadis pour avoir battu sa femme et qu'on investit à nouveau après l'avoir adjuré de montrer désormais plus de patience dans son ménage.

Le lendemain on embarque des vivres frais, et vogue pour Mangareva! Un matin, à six heures, pendant une manœuvre, des cris éveillent les passagers. « Un homme à la mer! Virez de bord! Amenez le canot! Jetez la bouée! »

Tout le monde se précipite sur le pont où le commandant préside au sauvetage d'un jeune marin qui vient de tomber à l'eau. Le malheureux ne savait pas nager. Il est allé droit au fond et toutes les recherches sont vaines. Ce drame de la mer secoue les plus accoutumés aux traîtrises de l'Océan.

L'équipage se groupe, tête nue, l'air morne, autour du commandant. Un *pater* et un *ave* sont récités à haute voix à l'intention du pauvre disparu. Toute la journée on s'entretient de la catastrophe et l'on pense à la douleur des parents, de pauvres paysans bretons, quand ils apprendront que la mer a gardé le fils qu'elle leur avait pris.

Il ne faut pas moins de six jours pour faire les quarante lieues marines qui séparent Raivavae de Mangareva. Rikitea, le chef-lieu de l'archipel des Gambier, est situé au fond d'une petite baie que domine le *Duff*, la plus haute montagne de l'île, bien que son élévation ne dépasse pas quatre cents mètres au-dessus du niveau de la mer. Beaucoup de maisons en pierres ou du moins en madrépores, mais abandonnées pour la plupart et tombant en ruines. Les indigènes sont revenus aux cases en bois beaucoup plus saines encore que d'une apparence moins civilisée et qui, dispersées sur le rivage, abritées sous le feuillage, ne sont point sans agrément. Les tours carrées et massives de Notre-Dame de Rikitea se voient de loin, attestant la puissance du catholicisme, une puissance qui paraît limitée aux choses et sans grand effet sur les âmes. Pourquoi faut-il que les cloches de l'imposant édifice ne sonnent le plus souvent que le glas des morts? Il y a trente ans, trois ou quatre mille êtres vivants habitaient ces îlots : aujourd'hui ils sont à peine trois ou quatre cents. Les femmes surtout meurent jeunes, vite épuisées, les fonctions essentielles de leur sexe supprimées avant la trentaine, et s'éteignent de langueur et de consomption. La source de la vie est comme tarie et il semble qu'une condamnation irrévocable pèse sur la race : « Avant peu le pavillon français ne flottera plus aux Gambier que sur des tombes ! » s'écriait un gouverneur, M. Gaulthier de la Richerie.

J'attribuais à la plonge et à l'usage maintenant abandonné des maisons de pierre l'effrayante mortalité qui décime les Mangaréviens. J'y insiste. La plonge soumet l'homme qui s'y livre à des variations considérables et instantanées de température. Le pêcheur de nacre est nu, debout sur le bateau, au grand soleil; son torse brun ruisselle de sueur. Si on appliquait contre sa poitrine un thermomètre, on constaterait une chaleur de cinquante à soixante degrés peut-être. Il se jette à l'eau sans le secours d'aucun scaphandre et tombe tout à coup à une profondeur de huit à dix mètres où il trouve une température qui ne dépasse point quinze degrés. Il revient de la plonge brisé, se tenant à peine, en dépit et peut-être à cause du rhum qu'on lui a fait boire. Le lendemain se déclare une bronchite que l'indifférence du patient rend chronique. Autre cause de mort : après le coucher du soleil il fait très chaud pendant quelques heures; l'indigène demi-nu s'endort, accablé de fatigue, devant sa case, et tandis qu'il sommeille, la brise vient rafraîchir l'air subitement.

Qu'on ajoute à cela l'intempérance, une intempérance sauvage, gloutonne et furieuse, dans le boire et dans le manger, et des excès de toutes sortes auxquels on doit imputer bien plus qu'au contact des Européens l'empoisonnement de la population. Les Mangaréviens ne se soignent pour aucune maladie. Le mépris de la médecine et des médecins, où certains voient la marque d'une grande indépendance d'esprit, est une vertu commune chez eux. Ils sont tous frappés et ils meurent tous, tranquillement, impassiblement, bercés à leur dernier soupir par les litanies des missionnaires dont la paternelle autorité est pour eux un article de foi.

Je le sens, j'obéis à un premier mouvement qui n'est peut-être pas le bon quand je demande compte aux Pères de l'extinction des Mangaréviens. N'est-il pas naturel cependant d'interroger ceux qui se sont constitués les tuteurs de ces grands enfants? C'est l'humanité même qui les apostrophe, c'est cette vertu française et sentimentale qui se récrie devant le lit de mort où tout un peuple agonise : « Avez-vous instruit les indigènes? Les avez-vous élevés à la perception confuse mais encore salutaire des moyens dont nos races affinées disposent pour se défendre contre la maladie et la mort? N'avez-vous donc été que les instruments aveugles, inconscients, irresponsables, de l'inexorable sélection qui ne connaît ni coupables ni innocents mais des forts et des faibles, et qui élimine ceux-ci au profit de ceux-là? Ma pensée s'inquiète et mon âme se trouble. Je ne suis pas un sectaire et je ne vous accuse point ; je vous questionne seulement. Vous êtes venus dans ces îles pour y creuser le sillon de la civilisation, vous n'y avez creusé que des tombeaux!... »

C'est sous cette impression où je m'en veux d'avoir mis du pathétique que j'ai passé huit jours aux Gambier. On ne peut tout voir et tout savoir d'un seul coup ; je m'attache aux pas du Résident et peut-être parviendrai-je ainsi à éclaircir le problème qui se pose devant moi.

XVI

La terre et la mer. — Notre-Dame de Rikitéa. — La plonge. — Le commerce et la contrebande. — Le Code mangarévien, sa disparition.

Les sept petites îles de l'archipel des Gambier sont à vrai dire de simples rochers émergeant de l'Océan, les uns granitiques, les autres calcaires ; ces derniers très sensibles aux influences atmosphériques, à ce point qu'après les grandes pluies ils se désagrègent et s'en vont par morceaux. Tout autour de ces rochers s'étend la ceinture de madrépores qui enferme les lacs ou lagons où se pêchent la nacre et la perle et qui mieux exploités vaudraient des mines d'or pour le pays.

Sur le flanc des rochers pousse une herbe drue qui nourrit les chèvres dont le poil blanc ou roux fait tache dans la verdure ; au pied, sur le rivage, croissent le cocotier, l'arbre à pain, l'oranger, le pandanus, le bois de rose, le tamanu, le purau, le bananier. Les graines potagères réussissent dans le jardin du Résident et d'avril à septembre, dans la saison relativement fraîche, on peut récolter quelques maigres légumes, voire des fraises...

L'eau manque. Pas une rivière, pas un ruisseau. Çà et là, entre deux roches, un trou où s'amassent les suintements de la montagne et c'est tout. L'absence d'eau courante ne serait-elle pas aussi pour quelque chose dans le dépérissement des Mangaréviens ? C'est cette eau si rare que boivent les indigènes et qui leur sert pour tous les usages domestiques. Rien, semble-t-il, n'atteste la pauvreté du sol comme cette pénurie d'eau fraîche, de la boisson la plus naturelle et la plus hygiénique en dépit des chartreux.

Des porcs, quelques moutons, des poules et des canards constituent avec les chèvres sauvages toute la nourriture animale ici. Point de bœufs ni de chevaux... Je me trompe, à Rikitea, il y a deux chevaux !

Mais, si la terre est misérable, la mer est riche et n'est point avare. Comme aux Tuamotu elle renferme des trésors, trésors symbolisés par l'ornementation intérieure de Notre-Dame de Rikitea. Sous la direction des Pères, les indigènes ont enrichi les colonnades et les murs d'un placage de nacres découpées avec un art véritable. Il y a une treille dont les feuilles sont des valves de grandes huîtres et les raisins de petits coquillages ronds. L'œil placé au centre du triangle, au-dessus du tabernacle, est une très grosse perle. L'ensemble est celui d'un palais sous-marin, d'une décoration de féerie. Les nuances variées et changeantes de la nacre émerveillent, éblouissent. Ce sont des reflets d'or, d'argent, de diamant, de pierres fines, toute la gamme des matières précieuses que l'homme sauvage ou civilisé, toujours un grand enfant, recherche pour leur beauté, leur éclat, leur rareté, richesses dont sa vanité fait le prix et son imagination la poésie.

Le soir, au coucher du soleil, on se promène dans ce qu'on peut bien appeler les rues, des voies bordées de murailles épaisses entourant les maisons inhabitées et en ruines, les maisons de mort aujourd'hui délaissées pour les modestes et plus saines cases en bois; on s'entretient des indigènes, de leur façon de vivre, de travailler, et la conversation prend bientôt un tour triste comme les lieux mêmes. Une construction plus massive encore que les autres se montre. C'est le premier établissement de la Mission. On dirait une forteresse. Dans une enceinte de murs énormes se voient les ruines d'une usine à égrener le coton, d'une église, d'une école, d'une prison...

Le travail de la plonge était réglementé par le célèbre Code mangarévien et par les décisions du Résident français. Le code avait des naïvetés et des inconséquences que pouvait seule justifier la latitude sous laquelle il avait été conçu et rédigé. Il prescrivait le respect des belles-mères, et stipulait que « toutes les fonctions doivent être exercées avec bonté et douceur, ce qui n'empêche pas la fermeté. » Il ajoutait encore que « celui qui tient l'autorité à un titre quelconque doit être comme un père pour ses enfants. » Il instituait un grand Conseil et des assemblées de districts où les bulletins bleus et blancs de nos Chambres sont remplacés par des coquilles. Les coquilles blanches indiquent le « oui » (êh) et les coquilles noires le « non » (aïta).

J'en viens aux nacres et aux articles du code

qui les concernaient : « Les bancs de nacres, disaient en mauvais français les Lycurgues océaniens, seront bien surveillés et la population devra apprendre à faire des parcs et à les bien entretenir, ce qui augmentera le nombre des nacres. Les indigènes auront seuls le droit d'y pêcher. La pêche n'aura lieu, chaque année, à l'époque indiquée (décembre, janvier, février et mars) que sur les bancs qui seront autorisés par le gouvernement. La vente des nacres se fera toujours à terre et seulement dans les endroits autorisés. »

L'époque de la pêche est arrivée. D'accord avec le grand Conseil, le Résident a désigné les lagons ou les portions de lagons où il y a lieu de permettre la plonge, les huîtres étant parvenues à leur maximum de croissance et de poids. Les pêcheurs s'y rendent. Ne vous attendez pas à voir des hommes bardés d'acier, de cuivre, de caoutchouc et de toile goudronnée. Le scaphandre n'est pas ignoré mais proscrit. Toléré, il aurait pour résultat la banqueroute des lagons qui s'épuisent déjà si rapidement et tarirait les sources de la reproduction en dévastant les naissains les huîtres de demain. Petit mollusque deviendra grand pourvu que Dieu lui prête vie.

Donc, point de scaphandre. Même aucune des précautions hygiéniques que prennent les Hindous employés à la pêche des perles qui se bouchent les oreilles, s'aveuglent avec du coton imbibé d'huile, se bandent la bouche, se mettent aux pieds un poids de dix à quinze kilogrammes pour rester une minute ou une minute et demie sous l'eau, par douze ou quinze mètres de profondeur.

Le pêcheur mangarévien est nu comme une main non gantée. Debout dans l'embarcation, il aspire et respire fortement, se livre à une gymnastique instinctive et rationnelle des poumons, emmagasine le plus d'air qu'il peut et se laisse tomber, le corps droit, doucement. Il touche le fond, aperçoit l'huître convoitée, l'arrache prestement et s'efforce de l'empêcher de s'ouvrir dans la crainte que la perle, si par hasard il s'en trouve une, ne soit chassée. Il reparaît après une ou deux minutes. Il ne lui a pas fallu plus de temps pour discerner celles des huîtres que leur dimension et leur poids rendent le plus propres à l'industrie ainsi que celles qui d'après certaines données assez vagues et passablement contradictoires, peuvent recéler des perles.

En cinq ou six heures, le pêcheur plonge cinquante, soixante fois. La pêche terminée, il s'agit d'ouvrir les huîtres et cela se fait très vivement. Chaque coquille est vue de près; chaque mollusque est retourné. Il faut éviter qu'une perle ne disparaisse subrepticement. Puis les nacres sont enterrées dans le sable d'où on ne les retirera que le jour où le négociant se présentera pour les acheter.

Il semble vraiment que tout conspire la ruine des Mangaréviens. On a pris, pour empêcher la pêche inconsidérée de la nacre, des mesures si peu efficaces qu'elles ont eu cette conséquence de créer un grand commerce de contrebande. Et puis les transactions se font dans des conditions telles que le malheureux plongeur est volé plusieurs fois.

Il a couru les risques de la maladie, il a évité la dent du requin et peut enfin contempler le produit de sa pêche périlleuse, mais il ne faut pas croire qu'il en reçoive le produit en argent.

Les acheteurs paient en nature. En échange d'un lot de nacres ou de perles, ils donnent des étoffes, des boîtes de conserves, des effets d'habillement, des aliments. Rien de mal jusqu'ici et l'on peut même soutenir, étant donné le penchant à l'ivrognerie des indigènes, qu'il vaut mieux leur donner des objets de consommation que de l'argent. Où la tromperie commence et se pratique en grand, c'est dans l'évaluation des marchandises remises en échange du produit de la pêche. On spécule largement sur l'ignorance du plongeur et sur ses besoins ; on lui compte cinquante francs ce qui en vaut quinze ; on le nantit d'objets de mauvaise qualité ou même avariés et l'on exerce à son endroit un véritable brigandage commercial que l'administration est impuissante à réprimer. Où puiserait-elle le droit d'intervenir dans un marché librement conclu ?

Le faible appoint que le Mangarévien reçoit en espèces lui sert à acquitter l'impôt personnel. S'il lui reste quelque chose après cela il l'emploie à acheter en secret du vin et de l'alcool qu'on lui vend excessivement cher ou les faveurs d'une femme qu'il paie sans compter. L'amour vénal est une denrée aussi rare aux Gambier qu'elle est abondante à Tahiti. Quels masques que les visages de ces créatures souffreteuses dont le sang empoisonné tache la peau, qui ont le nez rongé par des ulcères horribles et sont marquées du sceau de la mort qu'elles attendent inconscientes et souriantes même dans leur dégoûtante infirmité.

La plonge dure quatre ou cinq mois. Quand elle est achevée, quand le commerce ainsi entendu est terminé, le Mangarévien se trouve à peu près aussi dénué de tout qu'auparavant. Comme le clairon du poète il achève de mourir. Il s'est endetté. Une habileté des négociants consiste à vendre à crédit à l'indigène dans le but de le tenir. Ils savent que le Mangarévien ne nie jamais une dette et qu'il est prêt pour se libérer à épuiser le lagon. En le liant ainsi ils assurent un lendemain à leur commerce; ils sont certains qu'au voyage suivant ils trouveront de la nacre... Quelques-uns vont jusqu'à se constituer des créances douteuses sinon fictives. On me raconte que, le mois dernier, le Résident a reçu la visite de deux négociants qui venaient lui demander d'user de son autorité pour les faire payer de leurs débiteurs indigènes. Le Résident est un homme énergique, lieutenant de vaisseau sur le point de passer capitaine de frégate, la loyauté même, la loyauté classique du marin, du « loup de mer ». Avec la sagesse d'un Salomon doublée de la finesse d'un Provençal, il a demandé aux plaignants une liste des marchandises qu'on ne leur avait point payées. Il attend encore cette liste. En la montrant, les deux compères auraient fourni la preuve écrite de leurs exactions. Ils ont cru plus prudent de s'abstenir au prix de l'abandon de leurs créances. Il y a d'honorables exceptions heureusement, et tous les négociants ne sont pas coulés dans le même moule.

Il convient de dire à l'actif des missionnaires qu'ils sont intervenus pour défendre les Mangaréviens contre ceux qui les exploitaient si indignement. Sous leur inspiration des lois ont été faites et des engagements pris pour fixer le prix des nacres. Mais pas plus que la célèbre loi du *maximum* rendue par la Convention, cette loi du *minimum* édictée par la Mission ne pouvait se concilier avec la liberté des échanges. Journellement violée par ceux mêmes au profit desquels elle était promulguée, dépourvue de toute sanction, elle ne servait qu'à affirmer l'impuissance du gouvernement théocratique. Plus d'une fois, en dépit du *minimum*, des Mangaréviens ont vendu à des prix dérisoires les précieuses nacres arrachées à la mer.

Ils s'exposaient ainsi à la censure du Conseil de district mais quand cette censure s'aggravait d'une amende celle-ci n'était jamais perçue. L'administration, défaisant l'œuvre des Pères, s'opposait à l'exécution de mesures aussi contraires au principe essentiel de l'offre et de la demande, et l'économie politique s'appuyant sur le bras séculier triomphait de la protection peu ou prou ingénieuse que l'on voulait assurer aux indigènes.

A son arrivée à Papeete, chaque tonne de nacres doit payer un droit de quarante francs. Il n'est permis de les pêcher que lorsqu'elles ont atteint une certaine dimension et un certain poids. Il n'en faut pas plus pour stimuler la contrebande qui se fait sur une large échelle et avec une désinvolture rare. On connaît par leurs noms les capitaines et les goëlettes qui s'y livrent. On sait quelles relations ils ont avec les commerçants notables de Papeete, voire avec des élus du suffrage universel. C'est sans beaucoup d'étonnement que l'on voit arriver en rade une goëlette chargée de grosses pierres. Ce bateau vient des Tuamotu ou de Mangareva où la plonge est à peine close, et c'est sans doute pour un voyage de plaisance qu'il avait été affrété. Les douaniers montent à bord et constatent la présence du lest. Les marins sourient et le capitaine garde le sérieux d'un homme qui vole deux ou trois mille francs au trésor local. Ils s'en reviennent à terre désappointés et contrits bien qu'ils sachent parfaitement à quoi s'en tenir.

La goëlette dont il s'agit a fait une fructueuse campagne. Elle a pris à fort bon marché les nacres trop petites que les règlements conspuent mais qu'on n'en pêche pas moins, l'industrie s'en accommodant très bien ; et, son chargement fait, elle est allée à Huahine, à Raiatea, où elle a trouvé chez les autorités locales (ne pas perdre de vue que Raiatea est placé sous le protectorat de la France) une complaisance infinie. Là, les nacres ont été déposées ; là, viendra les prendre un navire qui les portera à San-Francisco, à Honolulu, à Auckland, à Sydney, d'où on les dirigera sur la vieille et luxueuse Europe. Le tour est joué.

On pense bien que l'administration française ne prend pas son parti de l'arrêt de mort des malheureux habitants des Gambier. Elle cherche à infuser un sang nouveau à ce peuple qui s'en va, elle se préoccupe aussi de ressaisir quelque influence morale, dussent les Pères ne s'en consoler jamais. Déjà on a fait une tentative pour envoyer à Mangaréva des jeunes filles des Tuamotu. Présentement, dans les îles condamnées, la proportion entre les deux sexes est d'une femme pour quatre hommes. Il faut des mères pour renouveler la race. On s'est heurté à certaines résistances. Les indigènes des Tuamotu ne veulent pas se séparer de leurs filles. Pour ne rien faire qui les blesse dans leurs affections, ce sont des familles entières qu'on enverra désormais aux Gambier.

Quant à reprendre une autorité dont les missionnaires ont abusé quelque peu, c'est plus difficile qu'on ne croit. Les Pères sont à la fois des prêtres, des médecins, des conseils. Les Mangaréviens ne font rien sans les consulter. C'est auprès d'eux qu'ils ont quelquefois trouvé le courage de résister aux injonctions de la France. C'est d'eux qu'ils ont appris qu'au-delà et au-dessus des officiers de marine improvisés administrateurs il y a le Gouvernement français. Ce sont les Pères qui, en plus d'une occasion, en ont appelé, au nom des indigènes, de l'arbitraire du Résident à la sagesse du Ministre de la marine et des colonies. En résumé, les Pères ont fait tout ce qu'ils ont pu pour affaiblir l'action du pouvoir civil et fortifier leur pouvoir religieux.

Il faut remettre les choses en place sans rien brusquer. Le Code mangarévien, si tendre aux belles-mères, vient de disparaître avec le consentement des chefs. Il s'agit encore d'inculquer aux missionnaires une plus juste notion de leurs devoirs, de leur montrer doucement à quoi ils s'exposent en intervenant plus qu'il ne convient dans l'administration, de les inviter à suggérer la déférence aux lois françaises et non la résistance, de leur faire comprendre en un mot qu'il n'y a plus d'espoir de faire des Gambier le Paraguay de leurs rêves.

Ce n'est point l'affaire d'un jour. L'administration serait folle de vouloir imposer immédiatement, dans toute leur rigueur et avec toutes leurs conséquences, notre code et nos lois aux Mangaréviens. Un premier résultat, dont il faudra tout d'abord se contenter, sera de n'avoir d'autres lois écrites que les nôtres.
Dans l'application, il y faudra des délais et des

tempéraments, beaucoup de laisser-faire, une grande indulgence.

On ne saurait perdre de vue qu'aux Gambier comme aux Tuamotu, comme à Tahiti même, il existe des mœurs politiques intéressantes qui demeurent en dépit de quarante-cinq ans d'occupation et que Jean-Jacques eût admirées, qu'il eût décrites dans le *Contrat social* s'il les avait connues. Le Résident des Gambier a jadis administré les Tuamotu. Il est très compétent sur la façon de gouverner les indigènes et n'est pas éloigné de croire qu'il serait absolument sans intérêt de bouleverser un état de choses basé sur les communs devoirs des habitants d'un même district.

Tout se fait, en ces pays lointains et réputés sauvages, par la libre discussion et le libre consentement. Ce sont les conseillers de district, ce sont les *huiratiraa* (notables) rassemblés qui décident qu'il est temps de construire une *fare hau* (maison commune) ou une *fare haapiiraa* (maison d'école). Tous les hommes valides sont appelés à fournir leur quote-part de matériaux et de journées de travail.

Ceux qui, pour une raison ou pour une autre, veulent s'exonérer de cette imposition en quelque sorte coopérative s'acquittent non en espèces mais en nature. Par avance, ils savent qu'ils auront à donner tant de noix de coco, par exemple. Il arrive pourtant que des indigènes conseillés par des étrangers éludent à la fois la coopération et le paiement de la taxe qui y supplée. Il n'y a point de sanction contre ceux-là car la loi française est pour eux.

Cependant, à bien prendre les choses, avec ce système tout ensemble primitif et parlementaire, les travaux publics s'exécutent, des jetées, des maisons d'école, des chefferies, des maisons communes sont construites. Comment s'y prendrait-on si l'on voulait abolir les usages locaux? On constituerait des communes, on leur donnerait un budget mais on ne pourrait fournir aux habitants les moyens d'acquitter en argent les taxes communales dont le produit devrait être employé à ces mêmes travaux.

Le Gouverneur des Etablissements français de l'Océanie vient d'aller aux Gambier. C'est une idée excellente. Il a suffi à ce haut fonctionnaire de voir les choses par lui-même pour se rendre compte de ce qu'il faut faire dans l'intérêt de ces contrées si misérables sous certains rapports et si riches sous d'autres.

Pour moi, je parle en voyageur désintéressé et me garderais bien de donner mes vues pour les meilleures. Je me suis penché au chevet de ce peuple qui meurt, j'ai compté les pulsations à son poignet décharné, j'ai ausculté ses tubercules, examiné les plaies qui lui rongent la peau, et je ne sais quelle pitié troublante m'a pris. Je n'ai pu me résigner à cette agonie.

J'ai éprouvé la douleur, l'inexprimable douleur d'un homme qui croit encore à la vertu du christianisme et ne se résout pas à le voir impuissant devant la décadence d'une race.

Je ne suis pas assez pessimiste pour penser que tout soit fini. On me dit que les administrateurs actuels de l'Océanie orientale sont des hommes jeunes et libéraux. Que ne peuvent-ils faire pour ces pauvres gens qui expirent dénués de tout à côté des trésors de la mer ?

L'esprit français si généreux, si fertile en ressources, peut trouver aux Gambier l'occasion d'attester une fois de plus que ce qui le différencie de l'esprit anglais ou de l'esprit allemand, en matière de colonisation comme en toute autre matière, c'est l'amour infini des hommes.

Le 7 juin 1887, le Gouverneur arrivait à Mangaréva où il était reçu par le personnel français, les deux missionnaires, les chefs de district et les enfants des écoles. Ces derniers portaient à la main de petits drapeaux tricolores.

Le lendemain le Grand Conseil se réunissait. Le Grand Conseil est composé du Résident qui le préside et des quatre grands chefs de Rikitea, Taku, Akamaru et Taravai. Il délibère directement sur toutes les affaires administratives concernant l'archipel des Gambier.

Dès que la séance fut ouverte, le Gouverneur prononça un discours où il s'attachait à démontrer quels avantages les indigènes pourraient retirer de l'application des lois françaises. Il leur parla de la Mère-Patrie, la nation chevaleresque par excellence, qui, loin de dépouiller les peuples qu'elle couvre de son pavillon, fait au contraire tous ses efforts pour leur apporter le bien-être et la civilisation. Il insista sur les dépenses que s'impose l'administration pour les écoles, le culte et la justice et, faisant allusion au droit excessif que le Code mangarévien donnait au gouvernement français de déporter les indigènes, il déclara qu'à l'avenir il fallait que les Mangaréviens fussent jugés comme les Français.

Faut-il voir ici un effet de la propension des maoris à donner raison à leurs interlocuteurs, quels qu'ils soient et quoi qu'ils disent, ou bien une adhésion réfléchie à des vues un peu élevées peut-être pour eux? Toujours est-il que, sans attendre, le Grand Conseil à l'unanimité demanda l'abrogation de l'œuvre de M. Chessé, de ce règlement défectueux qui s'est appelé le Code mangarévien.

Aussitôt rentré à Papeete, le Gouverneur a pris un arrêté, contresigné par le Directeur de l'intérieur et par le Chef du service judiciaire. Aux termes de cet arrêté, le Code mangarévien disparaît dans le néant des conceptions politiques du passé et les lois de la France sont seules appliquées désormais dans cette colonie de la France. Un article final de l'arrêté révèle à quel prix ce résultat a été obtenu.

Les Mangaréviens n'ont pas poussé assez loin l'étude des constitutions comparées pour attacher une importance excessive à la forme du gouvernement. Ce qui les préoccupe avant tout c'est la possession de leurs lagons. Le Grand Conseil a demandé que les bancs de nacres de l'archipel restassent la propriété exclusive des Mangaréviens qui seuls auraient le droit d'y pêcher exclusivement. Il a fallu en passer par là. L'arrêté du 30 juin 1887 porte que seuls et à moins d'autorisations spéciales accordées par l'administration, les habitants de Mangaréva auront le droit de pêcher.

On m'a raconté qu'au moment où le Gouverneur allait partir, l'un des Pères était venu lui dire, d'un air apitoyé qu'il savait que ses efforts n'avaient pas complètement réussi.

— Mais ce n'est que partie remise, ajouta-t-il doucement.

— Pas du tout! répondit l'administrateur, en souriant comme sourient les créoles ; le Code mangarévien n'existe plus.

Le Père se confondit en félicitations et s'esquiva.

Voilà les Gambier terre française pour tout de bon. Et la race? Aux premiers jours de la découverte, c'est avec des étoffes voyantes, de la verroterie qu'on abordait dans ces îles et les indigènes en fête, se parant de ces belles choses, de ces trésors peu coûteux de notre industrie, accueillaient l'étranger par des chants et des danses. Cette fois, le représentant de la France avait apporté avec lui des caisses de vin de quinquina, d'iodure de potassium et d'huile de foie de morue. Ces contre-poisons arriveront-ils à temps ?

XVII

Aux Tuamotu. — Fakahina et la Mission. — Fagatau et Napuka. — Les sauvages. — Mœurs politiques. — La pêche et la contrebande.

Qui a bu, boira ; qui a voyagé, voyagera. Une fois l'habitude prise de déambuler, de courir, de naviguer, comment s'arrêter ? Il semble qu'une impulsion plus forte que la volonté, — la destinée, si l'on veut, — condamne le pèlerin à marcher toujours. Il va de terre nouvelle en terre nouvelle, avide d'inconnu et d'impressions, d'émotions plus passagères que profondes peut-être, sans que jamais sa vue soit satisfaite, sans que son âme rassasiée goûte jamais la jouissance du but atteint, de la course terminée. Il va plus loin, plus loin encore, cherchant un site plus beau que celui qui vient de s'offrir à ses regards, des mœurs plus étranges que celles qu'il a tenté de décrire. Le monde n'a point de bout pour lui ; son esprit s'étonne mais se lasse de tout. Il va.

Ainsi je pérégrine aux Tuamotu après avoir pérégriné aux Gambier. La terre est plus pauvre encore. Quelle terre, d'ailleurs ! Au-dessus des forêts de madrépores qui émergent à peine, une couche mince où le cocotier vient difficilement. L'indigène se nourrit de la mer exclusivement, de coquillages et de poissons. Et pourtant la race prospère, une race vigoureuse, rompue à la navigation et à la plonge. Les analogies sont nombreuses entre les Gambier et les Tuamotu. Dans ce dernier archipel même, les conditions de l'existence matérielle sont plus insuffisantes, plus tristes peut-être. Comment se fait-il donc que l'on vive ici et que l'on meure là ? C'est dans une île des Tuamotu qu'on apportait une fois des cocos pour les planter et une truie pleine dont la progéniture devait alimenter le district. On fit aux indigènes la recommandation la plus expresse de patienter jusqu'à ce que les cocotiers eussent poussé et d'attendre que la truie eût mis bas. Le voyageur n'était pas plus tôt parti que les cocos étaient déterrés et que la truie était tuée et dévorée. Ventre affamé n'a pas d'oreilles.

Les soixante îles (il y en a peut-être davantage) de l'archipel des Tuamotu se ressemblent. Où la couche de terre est plus épaisse il y a un semblant de végétation. Où le lagon est fertile en nacres il y a un semblant de richesse.

On se demande par quel phénomène d'obstination des créatures humaines peuvent subsister sur telle île étroite où le sol et la mer sont aussi pauvres l'un que l'autre. A vrai dire, quelques-unes où rien ne croît, mais où l'on peut trouver des nacres, ne sont habitées qu'à l'époque de la plonge. Elles ont parfois été le théâtre de drames où la cupidité des bandits de la mer jouait le principal rôle. Sur ces pâtés de coraux inaccessibles à la plupart des navires, des équipages ont été abandonnés et des marins sont morts de faim. Comment faire la police de trois cents lieues de mer et de récifs ?

Les îles sont entourées par les madrépores comme par un rempart naturel. Faute de passe, on n'y peut aborder qu'au moyen d'un canot plat qui glisse sur le corail où il s'échoue souvent. A Fakahina, par exemple, pour aller du débarcadère au village, il faut se servir d'un côtre à moins qu'on ne veuille faire la route à pied en contournant le lagon et en se mettant à l'eau de temps en temps. Le rivage est entièrement planté, mais le lagon ne produit pas de nacres.

Il y a vingt ans, des luttes sanglantes déchirèrent la population. Il y eut des meurtres nombreux qui laissèrent dans les esprits des idées de vengeance. Les missionnaires catholiques vinrent et donnèrent à cette île un gouvernement qui ressemblait fort à celui de Mangaréva. C'est en 1885 que le Résident français la visita pour la première fois. Il fut frappé de l'aspect satisfaisant du village, de l'air d'aisance des habitants et constitua un district régulier.

Néanmoins Fakahina porte encore l'empreinte des circonstances dans lesquelles elle est née à la civilisation. C'est une communauté catholique bien plus qu'une unité administrative. Les habitants sont essentiellement sédentaires, se livrent à la culture, se construisent des maisons et les entretiennent avec une propreté remarquable. On serait tenté de dire, en premier abord, que c'est là un heureux coin de terre.

Cette impression ne dure pas. Il y a un revers à la médaille. Quelques instants de conversation avec les indigènes révèlent bientôt un état de choses moins enchanteur. Longtemps l'île a été soumise à un régime autoritaire à l'excès et illégal jusqu'à la fantaisie. Le conseil obéissant à des inspirations aisées à deviner, réglait toutes choses, même le prix du coprah (noix de coco désséchée). Il intervenait dans la vie privée, dans l'intimité des ménages, punissait de l'amende et de la prison des faits répréhensibles au point de vue de la morale mais que la loi ne peut réprimer parce qu'elle est censé les ignorer. Le mutoï, agent de police, pénétrait jusque dans l'intérieur des maisons, interrogeait, examinait, sévissait. Il en résultait une sorte de terreur, de compression latente, funeste au développement intellectuel et moral de la population et les traces s'en retrouvaient dans l'accueil défiant que recevaient les voyageurs. Le mot d'ordre était donné de cacher autant que possible de quelle manière les choses se passaient. Au ton dont quelques-uns parlaient, on pouvait se douter cependant qu'ils souhaitaient un changement de régime, mais la réserve de leur attitude ne permettait pas de pousser bien loin les investigations. On aura quelque peine à rendre ces pauvres gens à eux-mêmes. Sous l'influence des Pères leur être moral a pris le pli de la servitude et s'est abaissé sans devenir meilleur.

Une autre île, celle de Fagatau, présente du large un aspect assez agréable. Elle est entièrement couverte d'une végétation puissante que dominent de grands arbres touffus et dont la verdure sombre donne un caractère imposant au paysage. Il y a peu de cocotiers. Le village est caché derrière les arbres.

A peine avaient-ils vu mettre notre embarcation à la mer qu'un grand nombre d'indigènes, hommes, femmes, enfants, demi-nus se portaient vers le point où nous devions débarquer. La mer se brisait avec force contre le récif avec des grondements pareils à ceux du tonnerre. Pendant deux cents mètres, il fallut hâler l'embarcation sur un plateau de corail balayé par les lames et je crus plus d'une fois que nous allions être roulés et emportés au large.

A Fagatau, on est en pleine sauvagerie. Le village est composé de huttes misérables et sordides. Il y a trois constructions en pierre, l'église, l'école où loge l'instituteur, et la prison à laquelle il ne manque que des portes. Le chef ne sait ni lire ni écrire. Les prétendues autorités du district, les membres du conseil, sont dans le même cas et ignorent le premier mot de leurs fonctions. Le seul homme à peu près civilisé est le maître d'école, fils du chef, qui tient les registres de l'état civil et fait l'ouvrage de son père.

La population est famélique, à peu près toute nue. Il n'y a point de nacres dans le lagon. Les quelques cocotiers sont chargés de fruits mais quand on essaye d'en planter de nouveaux, les malheureux qui meurent de faim vont les retirer de la terre pendant la nuit. Il n'y a pas de cochons. J'ai vu une poule. Les habitants vivent de graines de pandanus et de bénitiers. Le bénitier est un magnifique coquillage pareil à du marbre et dont le nom indique suffisamment et la forme et la destination qu'il peut recevoir. La chair du mollusque est dure comme du caoutchouc. Quand il fait mauvais temps, cette détestable nourriture elle-même fait défaut et l'on jeûne en attendant le calme. Pour toute industrie, à Fagatau, on tresse des nattes qui sont échangées contre des étoffes quand par hasard une goëlette vient à passer là.

L'île de Napuka est la plus isolée et la plus délaissée peut-être de l'archipel. On ne la visite jamais ou l'on y aborde si peu souvent que vraiment les indigènes y sont bien abandonnés à eux-mêmes. Il était quatre heures du soir quand on découvrit le village. La mer se brisait avec force sur le récif; sur la plage le pavillon français avait été arboré. La plupart des habitants complètement nus se tenaient assis par groupes tandis qu'un homme vêtu de blanc se promenait en faisant de grands gestes.

La goëlette allait et venait au large. Le commandant fit tirer deux coups de canon pour appeler une pirogue, mais aucun mouvement ne se manifesta dans les groupes accroupis et l'homme vêtu de blanc continua à se démener au milieu d'eux. Le lendemain, à l'aube, le tableau était le même avec cette différence que quelques pirogues aperçues la veille avaient disparu. Nous agitâmes nos chapeaux et au bout de quelques instants nous vîmes deux hommes dégager une petite pirogue cachée dans les broussailles et venir à nous. Peu d'instants après les principaux habitants étaient à notre bord. Le chef du district n'était pas moins ignorant que celui de Fagatau. Le mutoï portait sur son corps nu une veste courte avec une plaque où se lisait le mot » Ure », loi, et brandissait le papier qui l'avait investi de ses importantes fonctions. J'essayai de me rendre compte de l'état de l'instruction et j'interrogeai le maître d'école qui ne savait même pas écrire et que j'encourageai à donner tout au moins des leçons de [lecture. La goëlette était environnée de pirogues. Il fallut insister pour se débarrasser de ces pauvres gens et les surveiller un peu au départ, car, sans la moindre permission, ils cherchaient à emporter des souvenirs de leur visite à bord. L'homme vêtu de blanc serrait précieusement sous son bras un verre et deux serviettes qu'il avait prestement dérobés à la cuisine.

Dans les autres îles règne la civilisation ou du moins ce que les indigènes ont pu s'assimiler de nos habitudes et de nos mœurs. Je ne reviendrai pas sur la pêche de la nacre et des perles : je ne pourrais que reproduire les observations que j'ai faites à propos des Gambier.

Il m'a paru intéressant, par contre, de voir de près comment fonctionne l'organisation donnée par la France à ces îles lointaines, organisation que l'on voudrait voir disparaître, me dit-on, mais qu'il sera très difficile de remplacer par quelque chose de mieux.

Les districts construisent les maisons, les cases communales, entretiennent les rues et les places des villages, les routes et les chemins quand il y en a, enfin les jetées, les quais, les ports, les abris où viennent se garer les embarcations. Rien ne se fait sans une délibération authentique dont voici un exemple: « Ile d'Anaa.—District de Tuuhora. Délibération du 6 septembre 1886. Une réparation a été faite à la citerne de Tuuhora; elle a coûté cent francs. Le Conseil ouvre le raahui, c'est-à-dire lève l'interdiction de récolter, et décide que tous les habitants, hommes et femmes, sont imposés de vingt cocos qu'ils apporteront à la case du chef.» Suit la liste des habitants qui ont apporté leurs vingt cocos et celle de ceux qui n'ont rien apporté. Le travail payé, il est resté une petite somme qui a été versée à la caisse du district.

J'ai demandé au chef comment il s'y prenait avec les habitants qui ne paient leur part ni en travaux ni en matériaux, ni en denrées ni en argent. Il ne fait rien. A chaque nouveau travail les réfractaires sont sollicités les premiers, car ils continuent nécessairement à figurer sur les registres du district. Par exemple, s'ils voulaient quitter l'île, le chef s'y opposerait jusqu'à ce qu'ils se fussent acquittés.

En réalité et d'une façon générale, l'autorité du chef et du Conseil de district est grande et il serait puéril de s'étonner de procédés administratifs fondés sur les mœurs mêmes des habitants.

J'ai parlé de la contrebande aux Gambier; aux Tuamotu, elle s'exerce sur des bases beaucoup plus larges encore, elle est bien plus difficile à réprimer. Une flottille serait nécessaire pour surveiller ces soixante îles éparses dont quelques-unes sont sans bord si elles ne sont pas escarpées. Récemment les autorités ont affrété une légère goélette pour donner la chasse à ceux qui pêchent, vendent ou achètent des nacres trop jeunes et trop petites. C'est tout au plus si mille kilogrammes de la précieuse marchandise ont été saisis. Dans chaque île, l'arrivée des agents des contributions était annoncée et devancée, les nacres enlevées, enterrées ou jetées à la mer. Ces malheureux agents devaient sonder le sable des plages au moyen d'un harpon, traverser des bras de mer à la nage, se nourrir de conserves américaines et de biscuit, coucher à la belle étoile. Ils sont retournés à Papeete un peu confus, mais exténués, brisés. Tout au plus avaient-ils eu la consolation de se voir offrir par les parents ou par les maîtres d'école de toutes jeunes filles : onéreux présents que ces braves gens avaient vertueusement refusés.

Les îles où la nacre abonde sont peu nombreuses aujourd'hui; elles sont une vingtaine tout au plus. Dans une demi-douzaine d'autres, la nacre a sensiblement diminué. Il est enfin des îles où elle a complètement disparu. Il importe de veiller à ce que les lagons ne s'épuisent pas tout à fait. Les requins sont, à ce point de vue, d'excellents gardes-maritimes et les plus vigilants de tous. C'est à leur présence aux abords de Ragiroa et de Fakarava qu'il faut attribuer la modération des pêcheurs de ces îles.

Pour permettre le repeuplement des lagons, on songe à interdire la pêche dans la plus grande partie de l'archipel. Mais de quoi vivront les pauvres gens dont la nacre est la seule ressource? Et comment, encore une fois, s'y prendra-t-on pour faire respecter une prohibition qui s'étendra sur trois cents lieues de pays? Il sera nécessaire de créer toute une organisation, tout un personnel d'employés, à moins qu'on ne se décide à faire une part dans le produit des saisies aux autorités indigènes, chefs, conseillers de districts, mutoï.

Le commerce jettera les hauts cris. Peu lui importe, en effet, que les lagons s'appauvrissent. Il tient avant tout à des bénéfices immédiats. L'administration, au contraire, se préoccupe du lendemain. Elle a à cœur, comme c'est son devoir, de ne pas laisser entièrement détruire la nacre et les perles des Tuamotu et elle estime, ce en quoi elle n'a point tout à fait tort, que ce ne serait pas payer trop cher le repeuplement des lagons si quatre ou cinq années de misère y devaient suffire.

Un grand sujet de controverse, à propos des Tuamotu, est de savoir quelle religion professent les indigènes. Ils sont tous catholiques, si l'on en croit la mission catholique qui concède cependant que dans le nombre il se trouve quelques mormons. Ils sont en grande partie protestants, assure la mission protestante, et ceux que vous appelez des mormons sont des « baptistes ». Renseignements pris, il est exact qu'un certain nombre d'indigènes appartiennent à la secte protestante qui ne baptise point les enfants nouveau-nés et réserve ce sacrement aux adultes.

A Tahiti, dans le district de Faaa, il existe une petite colonie de gens des Tuamotu qui se livrent à la pêche et approvisionnent le marché de Papeete de poisson. J'ai demandé à leur pasteur, un Américain, s'ils étaient mormons.

— No, m'a-t-il répondu; only wife! Non, une seule femme!

XVIII

Parlons d'autre chose. — L'agriculture manque de bras. — Le coton. — La vanille. — Le café. — Le Coprah. — Arorais. — Rapanuis. — Atioux. — La mission Raoul. — Les Chinois. — La Caisse agricole.

L'écho des derniers récits tahitiens vibre encore à mon oreille tandis que j'ai devant moi la Nouvelle Cythère d'aujourd'hui parée, enjolivée, toute remplie de chansons et de danses lascives, avec les théories de vahiné aux robes légères et flottantes, la voix rauque se mariant au son nasillard de l'accordéon, et le rire étrange, qui sous la couronne de datura et de tiaré, semble un appel au détraquement sinon à la folie. Tout en rêvant, j'écoute les confidences d'un jeune officier de vaisseau. Comme toutes les ivresses, celle du soleil et de l'amour a ses lendemains de lassitude et d'énervement où, la tête lourde, guéri du désir de la veille, on méprise la liqueur dont on s'est grisé et le verre dans lequel on l'a bue. Le champagne était frelaté et les filles étaient laides, vraiment laides. Mon interlocuteur exagère sans doute. Je le laisse dire mais la conversation tourne tout à coup et nous voici à parler de Tahiti et de son avenir agricole, industriel et commercial. Nous nous enfonçons dans l'expansion coloniale et dans les placements de bon père de famille. Nous supputons les bras qui manquent à l'agriculture…

Tahiti n'est pas seulement dans les légendes d'autrefois et dans les légendes d'aujourd'hui. Cette terre enchantée ne produit pas que des fleurs. Que ne donnerait-elle pas aux hommes qui voudraient la remuer ? N'est-elle pas bonne et généreuse, prête à s'ouvrir pour ceux qui sauront se baisser et l'étreindre ? N'est-elle pas ici comme ailleurs la mère nourricière, offrant ses tétins pleins de lait à ses fils affamés ?

Ses fils n'ont pas faim. Il n'ont qu'à étendre la main pour cueillir l'aliment de chaque jour. Ce mayoré, ce feï, cette banane sauvage que dédaigne l'Européen avide de la chair des animaux bêlants ou mugissants, le Tahitien s'en repaît avec joie. Il préfère son taro et sa patate douce à nos légumes; il met bien au-dessus de tout ce feï et ce uru qui ne lui demandent aucune peine, et voilà pourquoi l'agriculture manque de bras, M. Joseph Prudhomme!

Vous pouvez discourir à votre aise; il s'écoulera bien du temps avant que la notion du travail nécessaire pénètre dans le cerveau de cet homme rassasié sans effort. A moins qu'employant des procédés anglais et féroces vous ne portiez le fer et le feu dans les montagnes où croissent ces arbres bienfaisants.... Je vous en défie!

Ces considérations négatives, je ne les énonce que pour expliquer, je ne dis pas justifier, la pénurie de main d'œuvre dont gémissent les colons qui ont choisi Tahiti pour leur pays d'élection et s'accommoderaient plus volontiers de la sujétion d'une race obéissante et laborieuse que de l'annexion d'un peuple qui pratique l'oisiveté sans connaître la misère.

Le sol est propre à bien des cultures. Ceux des Tahitiens qu'on a pu décider à l'exploiter ont gagné autrefois quelque argent avec le coton. C'était au temps de la guerre de sécession; on eut l'imprudence d'engager les indigênes à tourner exclusivement leurs efforts de ce côté ; la paix se fit, les cours du coton s'en ressentirent et l'on eut bien de la peine à démontrer qu'il fallait entreprendre autre chose. Il est bon d'ajouter que Tahiti produit un coton dit longue-soie que l'on apprécie même quand les variétés ordinaires abondent. Par malheur, rien n'est difficile comme de conserver dans sa pureté ce coton longue-soie. Pour peu que dans une plantation limitrophe croisse une graine plus vulgaire, c'en est fait. La brise a bientôt confondu les plants et rien ne peut s'opposer à la contamination. A ce sujet, la chambre d'agriculture a proposé simplement de détruire toutes les plantations existantes et de recommencer partout sur nouveaux frais, en employant à l'exclusion de toutes autres les graines de coton longue-soie que l'on peut aisément se procurer aux Fidgi.

On s'est mis à la vanille dans certains districts. A Papara, près de cent hectares sont couverts de vanillières en plein rapport. Si elle ne peut pas encore rivaliser avec la vanille de la Réunion, celle de Tahiti n'est point sans valeur pour cela. Mieux cultivée et surtout mieux préparée elle pourrait enrichir le pays. Ici, l'on se heurte à la difficulté d'enseigner aux indigènes certains procédés, certaines méthodes dont les complications les déroutent. Faute d'oiseaux qui se chargeraient de ce délicat ouvrage, on doit marier artificiellement, à la main, les fleurs bi-sexuelles de la vanille. Il s'en suit que, pour ne rien perdre, on féconde toutes les fleurs, et le trop grand nombre de gousses s'oppose à leur développement aussi bien qu'à l'amélioration des produits. Ce sont des mains féminines qu'on emploie. Le matin, on voit s'enfoncer dans les vanillières pleines d'ombre et de mystère des troupes de jeunes filles et de femmes, les marieuses, qui s'en vont de leur pas lent et noble, jasant et riant, au travail.

Il y a peu de chose à dire du café sinon qu'on en récolte d'excellent mais en petite quantité. Les créoles des Antilles assurent bien que le café de Tahiti ne vaut pas celui de la Martinique : en sont-ils sûrs et sont-ils bons juges dans une question où leur amour-propre est engagé? Je ne le crois pas. Ce que je sais, c'est que Tahiti pourrait produire assez de café pour sa consommation intérieure et qu'il ne faudrait pour atteindre ce résultat qu'un peu de bonne volonté de la part des indigènes.

La grande ressource agricole est le cocotier. A quoi ne sert pas la noix de coco ? A peine mûre, elle donne une boisson rafraîchissante, astringente, dont les vertus médicinales sont innombrables et qui tout spécialement guérit le scorbut. L'amande sert de nourriture aux gens et aux bêtes quand elle est fraîche; fermentée, on en fait une sauce acidulée pour accompagner le poisson cru. Quant à l'huile, elle est la base du monoï, le célèbre parfum tahitien. On expédie en Europe, sous le nom de *coprah*, l'amande de coco dépouillée de son écorce fibreuse. — A Marseille et à Manchester, elle donne l'huile employée dans les savonneries. La même amande râpée est utilisée dans la pâtisserie, en Amérique, et en France, où on la substitue au fruit de l'amandier fleuri. Les gâteaux où il entre du coco doivent être mangés tout chauds. Avis à la clientèle enfantine.

Voilà une source de richesse ! Oui, mais faute de moyens de transport on ne peut amener les cocos à Papeete qu'en payant plus qu'ils ne valent. Et il n'est pas rare de trouver sur une plantation des milliers de noix abandonnées, germant au soleil. Il faudrait pour bien faire organiser autour de l'île un service de petits bateaux qui prendraient les produits des districts pour les apporter au chef-lieu. Un homme intelligent, membre du conseil privé, a eu l'idée d'établir un chemin de fer, un porteur Decauville. On lui a ri au nez; on l'a appelé « monopoleur » et on l'a accusé de vouloir voler la colonie. En attendant, les Tahitiens se bornent à regarder pousser l'herbe et ils ont au moins cette excuse que s'ils venaient à cultiver un produit quelconque il ne leur serait pas possible de s'en défaire.

J'en reviens aux bras qui manquent à l'agriculture, un lieu commun qu'on ne saurait négliger. On y a pourvu en recrutant aux îles Gilbert des travailleurs plus ou moins bénévoles. Un beau jour, une goëlette est partie pour ces lointains pays d'où elle a ramené deux ou trois cents individus à l'aspect sauvage et dont le type rappelait plutôt celui des papous que celui des maoris : nez épaté, grosses lèvres, cheveux crépus, créatures mal bâties mais robustes. Les planteurs se sont jetés sur ces outils vivants dont l'importation a coûté soixante mille francs à la colonie et qui n'ont d'ailleurs rendu que peu de services. Pour mon compte, je n'ai jamais vu travailler les aroraï, c'est le nom des indigènes des îles Gilbert. Chaque fois que j'en ai rencontré une troupe, elle escortait deux gaillards qui portaient sur leurs épaules voûtées un gigantesque cerf-volant de toile affectant la forme d'un poisson. Lancé habilement, ce jouet montait dans l'espace avec la légèreté d'un ballon Godard. Le plaisant de l'affaire est que nos vertueux amis les Anglais se sont inquiétés de savoir comment ces immigrants étaient traités. La philanthropie britannique a de ces contradictions : elle extermine les Océaniens dans les colonies à parlement aussi bien que dans les colonies de la couronne, mais elle ne peut supporter l'idée que ces pauvres gens travaillent librement dans une colonie française même pourvue d'un Conseil général. Je dois dire qu'une lettre d'allure diplomatique du Gouverneur des Fidgi, à ce propos, a reçu du Gouverneur de Tahiti la réponse qu'elle méritait.

En résumé la fameuse question des « bras » reste toujours posée. Est-il donc impossible au Tahitien de travailler le sol? Assurément non, s'il en éprouvait le besoin. J'ai vu, dans le district de Mahaena, un indigène qui piochait avec ardeur la terre de ses pères et paraissait y mettre un peu de cette passion âpre de nos paysans. A l'appui de ce que j'avance, on peut citer les Rapanui. — Les Rapanui sont des indigènes de l'île de Pâques convertis au catholicisme et amenés à Tahiti par Tepano, l'évêque archéologue d'Axieri. On leur a cédé une vallée près de Papeete et ils ont fait des merveilles, cultivant le coton, le maïs, la patate douce, le melon, et tirant de leur travail des gains élevés. Il y a encore, toujours près de Papeete, une colonie d'Atioux. Les Atioux viennent de Watiu ou Atiu, l'une des îles principales de l'archipel Cook, voisin des îles de la Société. Eh bien ! les Atioux travaillent assidûment. On les emploie surtout au débarquement des navires et l'on n'a qu'à se louer d'eux. Les Rapanui sont catholiques; les Atioux protestants. Les premiers sont gouvernés (c'est le mot juste) par un catéchiste qui exerce sur eux une autorité presque absolue. Les seconds ont deux chefs et un *orometua*, pasteur, dont le pouvoir est grand. Ce système de triumvirat est imaginé, paraît-il, pour obvier aux conflits qui sont l'écueil de tous les gouvernements. Ces Atioux sont fort intelligents.

Le coton, la vanille, le café et le coprah ne sont pas les seuls produits que puisse donner le sol de Tahiti. La colonie a eu la bonne fortune de voir arriver, en juin 1887, un pharmacien principal de la Marine, qui, envoyé en mission par M. de La Porte, le sous-secrétaire d'Etat aux Colonies, apportait dans l'île douze à quinze cents plantes nouvelles. M. Raoul a été accueilli avec un empressement bien naturel. On a mis à sa disposition un bel enclos et la douzaine de malfaiteurs et d'ivrognes que contenait la prison de Papeete. Avec ces « bras » il a remué la terre, planté, ensemencé, arrosé. La plupart des plantes sont de celles dont l'industrie peut tirer le plus grand parti. Ce sont des arbres à caoutchouc, des essences résineuses, des plantes à parfum. Puis viennent les vignes, les eucalyptus, les jacquiers, l'arbre du voyageur qui donne de l'eau, l'arbre à la vache qui donne du lait, les pommes de terre, des variétés de vanille de la Réunion, de quoi enrichir le pays, en un mot, une fois que l'on aura trouvé la solution du problème des « bras. »

On m'a présenté au chargé de mission. J'ai vu un petit homme vif, nerveux, inspiré, ayant le feu sacré de la botanique, cette jolie science qui définit la fleur « partie de la plante où s'effectue la fécondation » et dont le vocabulaire hérissé de grec et de latin semble imaginé pour déprécier le règne végétal.

Il fallait voir les soins de mère de M. Raoul pour celles de ses plantes auxquelles un voyage de six mois avait plus ou moins nui, et comme il parlait de ses malades et de ses convalescentes ! Il fallait aussi l'entendre énoncer les conséquences proches ou lointaines de l'introduction de tous ces trésors à Tahiti, aux Marquises, aux Tuamotu, aux Gambier, à Rapa ! Aux plantes décédées en route ou mortes en arrivant, il donnait une larme si ce n'est une oraison funèbre.

L'agriculture va recevoir une impulsion salutaire.

Dans quelques années, les produits de Tahiti seront décuplés, l'industrie ranimée, le commerce accru...

Et des « bras » ?

On fit jadis une tentative d'exploitation digne de ce nom. Dans un vaste domaine de quinze cents hectares, on entreprit simultanément la culture du coton et de la canne à sucre.

A cette époque déjà il y avait pénurie de travailleurs. On en fit venir de la Chine et quinze cents Célestes furent employés sur la plantation d'Atimaono où l'on y vit bientôt jusqu'à deux mille personnes. Il se dépensa là quelques millions de francs. On construisit une somptueuse habitation à laquelle on avait accès par un escalier monumental dont il ne reste plus aujourd'hui que des ruines. J'ai vu dans la grand'salle deux pankas où un Chinois a dessiné et peint, dans le goût bizarre de son pays, M. Steward et le comte de La Roncière, alors gouverneur. M. Steward, anglais, était à la tête de la plantation. C'était un homme fastueux qui ambitionnait de gagner et de dépenser beaucoup d'argent, et n'a pas mauvais air sous la défroque de mandarin dont l'a affublé l'auteur de son portrait. Il s'était fait dans ce pays si lointain une vie de luxe et de plaisirs, donnant pour pendant à l'habitation dont je viens de parler une villa perchée sur la cime d'une montagne où l'on ne pouvait parvenir que par un sentier de chèvre. Longtemps il fut soutenu par des banquiers de Londres à qui l'on prêtait l'idée de former plus tard une société par actions pour l'exploitation de la plantation d'Atimaono. Puis, un jour, l'argent cessa d'affluer. On s'était rendu compte que les résultats obtenus ne répondaient pas aux sacrifices accomplis et que les frais généraux dépassaient ce que permet une ordinaire sagesse.

M. Steward était un obstiné. Le concours financier que lui refusaient ses compatriotes, il le chercha dans la colonie même, dans la colonie où le taux de l'intérêt s'élève à douze, à quinze, à dix-huit pour cent. Il devait s'ensuivre de graves mécomptes. Un jour, un incendie dont on ne put jamais découvrir l'auteur détruisit une grande partie de l'exploitation, celle où se cultivait la canne à sucre. La dissension se mit entre le planteur et ses collaborateurs les plus immédiats. La faillite était au bout. Elle mit fin un jour à l'entreprise agricole la plus sérieuse qu'on ait vue à Tahiti. Atimaono fut vendu. La caisse agricole, dont je dirai un mot tout à l'heure, acquit le domaine qu'elle céda par la suite à un groupe de colons qui s'y livrent présentement et non sans bénéfices à l'élève du bétail.

Que devinrent les Chinois? Ils désertèrent les travaux des champs que la dureté d'un commandeur aujourd'hui conseiller général avait contribué à leur rendre odieux et s'adonnèrent au commerce. On connaît le génie de la race, la persévérance dans l'effort, l'économie dans les moyens d'action, la sobriété, la modération dans le gain tempérée par l'honnêteté suspecte des relations. La concurrence des Célestes effraya le commerce français à qui il était indifférent sans doute d'avoir pour rival le commerce anglais, américain ou allemand, mais qui ne pouvait supporter l'idée d'avoir à lutter contre le commerce chinois. Les autorités de Tahiti, afin de complaire à ces vues plus intéressées qu'intelligentes, prirent des mesures pour renvoyer sur les bords du fleuve Jaune ces malencontreux travailleurs devenus si mal à propos de trop habiles négociants. Puis ce furent des impôts spéciaux qui vinrent frapper les récalcitrants et, ainsi, pour de longues années encore, on fut assuré de payer toutes choses hors de prix à Tahiti. A cette heure, il reste tout au plus deux cent cinquante à trois cents Chinois dans la colonie où ils vivent à leur mode, se surveillant les uns les autres, associés les uns aux autres, pratiquant le bouddhisme dans une pagode qui ressemble plus à une faré, à une case quelconque qu'à un temple, et célébrant, à grand renfort de feux de bengale et de pétards, le commencement de l'année selon le calendrier chinois. Leurs mœurs particulières s'affirment encore dans les fumeries d'opium où, couchés sur des lits de camp, ils viennent rêver dans l'hébètement d'un demi-sommeil à des félicités qui leur font oublier les misères de la vie présente. Bien que les lois de la colonie ne permettent de donner de l'opium qu'aux seuls Chinois, on trouve dans les fumeries quelques femmes indigènes plutôt laides que jolies, plutôt vieilles que jeunes ; ce sont des vahiné de Chinois qui insensiblement ont pris la funeste habitude de l'opium.

Un colon m'entretenait un jour de l'obsédante question des bras. « Et les Chinois »? lui dis-je. Ne pensez-vous pas que l'introduction de deux à trois mille Chinois pourrait transformer l'agriculture à Tahiti ? » — « Certainement, » me répondit-il. Mais je plains l'administration qui prendra l'initiative de cette mesure. Il est des préjugés plus forts que l'intérêt. »

Je me suis convaincu depuis de l'exactitude de cette observation. La Caisse agricole, l'unique établissement de crédit que possède Tahiti, a souvent mis à son ordre du jour le problème de l'immigration. Le nom abhorré des Chinois n'a jamais été prononcé dans ses délibérations sans provoquer des rumeurs. Et cependant les hommes qui sont placés à la tête de l'établissement comptent parmi les plus intelligents et les plus dévoués au bien public.

La Caisse agricole est une très utile institution. Elle rétrocède aux colons nouveaux des terres propres à toutes les cultures et leur fait, en même temps, des avances d'argent dans le but de faciliter leurs premiers efforts. C'est encore par son entremise que les cotons de Tahiti arrivent sur le marché français. Elle prête sur connaissement, c'est-à-dire sur le vu du papier qui atteste que les produits sont exportés. Les opérations peu heureuses d'immigration faites jusqu'ici l'ont été avec le concours de la Caisse agricole qui pourrait jouer un rôle plus grand encore que par le passé si jamais les habitants de Tahiti sortaient de l'état de torpeur où ils sont plongés.

Il n'y a pas que les bras qui manquent. Je suppose la colonie peuplée d'agriculteurs, couverte d'usines, remplie de comptoirs; Tahiti reste encore à six mois de Marseille et de Bordeaux pour les échanges ; à deux mois de partout pour la correspondance.

« La France, disent les mécontents, traite ce pays comme une mère peut parfois traiter un enfant qu'elle n'aurait pas désiré. »

Il y a de l'exagération dans ce propos amer.

XIX

Le service postal. — Un coup d'œil sur l'Océanie. — La Nouvelle-Zélande. — Les Etats-Unis d'Océanie. — Anglais, Allemands et Américains. — Une grande colonie française.

C'est une question vitale que celle du service postal. Le jour où l'on aurait mis Tahiti à quatre semaines du Havre, la colonie serait sauvée. Que faudrait-il pour en arriver là? Un bon mouvement de la Métropole, une subvention suffisante pour donner l'envie à une compagnie de transports maritimes de tenter l'aventure, un peu de confiance parmi les membres du Conseil local. Les combinaisons abondent sur le papier. Tel tient pour la voie actuelle : Papeete, San-Francisco, New-York, le Havre; tel pour la voie d'Australie : Papeete, Auckland, Sydney, Marseille; tel pour la voie de Panama : Papeete, Panama, Colon, New-

York ou les Antilles, le Havre ou Saint-Nazaire; quelques-uns sont d'avis qu'il y aurait un intérêt majeur à relier Tahiti à la Nouvelle-Calédonie, Papeete à Nouméa; il en est enfin qui sont partisans de la voie d'Amérique mais avec une escale à Honolulu.

Chaque conception s'étaie sur de bonnes raisons, même celle d'une ligne de Marseille, Sydney, Noumea, Papeete, San-Francisco. Depuis plusieurs années le service postal a été confié à une association de maisons étrangères et se fait au moyen de navires à voiles. Une subvention de soixante-quinze mille francs est allouée aux concessionnaires. On s'est avisé que le principal obstacle à la création d'un service à vapeur c'était l'existence même de ce service à voiles. On l'a voulu supprimer et la colonie s'est trouvée sans relations régulières avec l'Europe. Une digression est nécessaire ici, digression dont l'Océanie tout entière fera les frais.

La Nouvelle-Zélande s'est mise sur les rangs pour nouer des relations avec Tahiti. On sait comment ce magnifique pays est devenu une colonie anglaise. Un navire français avait été envoyé pour en prendre possession. Une indiscrétion commise à Sidney par un officier de vaisseau, dans une soirée officielle, permit à un navire anglais de partir plus tôt et de nous devancer. Or, sur cette terre que nous avons laissée échapper, croissent à merveille les plantes d'Europe, s'élèvent les bestiaux, etc., et la nécessité s'impose pour ceux qui nous ont supplantés de chercher des débouchés à ces produits. Déjà, chaque mois, un vapeur apportait à Papeete des marchandises et des nouvelles fausses. Un plus grand bateau, un paquebot, fait maintenant ce service. Le « Richmond » est aménagé comme un transatlantique, avec cabines de première et de seconde classe, salons, piano, glacière. Évidemment la Nouvelle-Zélande veut conquérir Tahiti; elle en est moins éloignée que San-Francisco et se flatte de remplacer l'Amérique pour la farine, le biscuit, la viande et le poisson conservés, le savon, les pommes de terre, les oignons, le fromage, voire pour les objets manufacturés qui lui arrivent des usines anglaises sans passer par les douanes américaines.

Le service postal pourrait, en attendant mieux, se faire par le « Richmond ». Les lettres de Tahiti, dirigées sur Auckland par ce vapeur et de là sur San-Francisco par la grande ligne australienne, parviendraient plus rapidement dans ce dernier port qu'elles ne le font actuellement avec les navires à voiles. Un inconvénient sérieux de ce système vient de ce que l'ambitieuse colonie anglaise ne fait point partie de l'Union postale. Mais il est possible de diriger la correspondance sur Toutouillah, un point des Samoa, où elle serait transbordée sur le vapeur qui va de Sydney à San-Francisco en touchant à Auckland, à Toutouillah, et à Honolulu.

Tahiti n'est pas le seul objectif de la Nouvelle-Zélande : elle considère également les îles Tonga ou des Amis et les îles Samoa ou des Navigateurs comme des débouchés réservés à ses produits. Dans ces archipels, les indigènes n'ont encore adopté le genre de vie des Européens que dans une faible mesure ; il y a donc beaucoup à faire.

Les choses iraient toutes seules si l'industrie et le commerce anglais ne rencontraient sur leur chemin l'industrie et le commerce américains et allemands. Les États-Unis d'Amérique ont déjà fait des îles Sandwich une colonie yankee, s'entend une colonie au sens propre du mot, une dépendance au point de vue économique plutôt qu'au point de vue politique de l'Union. Un traité de commerce a suffi pour cela, avec une ligne de bateaux à vapeur, une émigration habile d'hommes, *business men*, et de capitaux. Cette méthode coloniale est incontestablement la moins onéreuse de toutes. L'appétit vient en mangeant et le Yankee est gros mangeur. Il a, lui aussi, jeté son dévolu sur les Tonga et les Samoa pour les mêmes raisons que son rival anglais apparemment. Il a eu de plus une idée de génie : il a inventé les États-Unis d'Océanie. Sous son inspiration, le roi Kalakaua a proposé aux différents archipels où ne flotte encore aucun pavillon européen de former une fédération politique. L'autorité des souverains plus ou moins nominaux de ces îles n'aurait point été mise en question. Ils seraient restés les maîtres chez eux ; ils auraient trouvé dans le lien fédéral une garantie de leur pouvoir intérieur. Par ce moyen, ils auraient évité de tomber sous le joug des puissances européennes qui les guettent comme une proie facile à saisir. La prospérité très réelle des îles Sandwich était le gage qu'il n'y aurait rien d'aventureux à s'unir à elles.

Cette combinaison a été mise au jour au moment même où les États-Unis négociaient avec l'Allemagne pour établir un *modus vivendi* aux Samoa. Le roi Malietoa a donné son adhésion mais aussitôt son rival Matasésé a reçu du commandant de l'*Adler*, le navire de guerre allemand, un pavillon blanc rayé de noir avec une croix de Malte blanche sur fond rouge en yacht. Puis, les Allemands se sont établis pour tout de bon, ont bombardé des villages et déporté Maliétoa. Il est néanmoins intéressant de publier une pièce diplomatique où les hommes d'État maoris, stylés par les Américains, affirmaient leurs vues politiques. Voici l'acte signé par l'infortuné Maliétoa :

En vertu des pouvoirs qui me sont conférés et reconnus comme Roi des îles Samoa par mon peuple et par les trois grandes puissances d'Amérique, d'Angleterre et d'Allemagne, — d'accord avec mon gouvernement et avec le consentement des « Taimua » et « Faipule » représentant les pouvoirs législatifs de mon Royaume ;

Nous offrons librement et acceptons volontairement d'entrer dans une confédération politique avec Sa Majesté Kalakaua, Roi des îles Sandwich, et donnons ce gage solennel que nous

nous conformerons à toutes les mesures qui pourraient être prises par le Roi Kalakaua, et qui seront agréées mutuellement pour le bien de la confédération politique et pour qu'elle soit maintenue dans le présent et dans l'avenir.

Fait et signé de notre main et scellé de notre sceau, le 17 février 1887.

MALIÉTOA,
Roi des Samoa.

Voici l'acte signé par Kalakaua qui, de son côté, se débat à cette heure avec son peuple en révolution :

Kalakaua, par la grâce de Dieu, Roi des îles Sandwich, à tous présents et à venir, Salut !

Attendu que le 17 février dernier, Sa Majesté Maliétoa, Roi des îles Samoa, s'est liée par un traité pour former une confédération politique avec mon Royaume, et vu que le dit traité a été en même temps approuvé par les Taimua et Faipule des Samoa et accepté en notre nom par notre ministre plénipotentiaire, l'honorable John E. Bush, actuellement accrédité ;

Ayant lu et pris en considération le dit traité ;

Nous, par ces présentes, approuvons, acceptons, confirmons et ratifions le dit traité pour nous-mêmes, nos héritiers et nos successeurs ;

Nous acceptons les obligations que S. M. Maliétoa a prises envers les puissances étrangères et pour celles d'entre elles avec lesquelles il n'en aurait pas contractées ;

Nous engageons et promettons sur notre parole royale d'entrer dans une confédération politique avec Sa Majesté le Roi Maliétoa et de nous conformer aux mesures qui seront agréées entre nous pour la formation de la dite confédération.

Pour les plus grands témoignages et validité de la présente convention, nous l'avons scellée de notre grand sceau et l'avons signée de notre propre main.

Donné en notre palais de Tolani, ce jour 27 mars de l'an de grâce 1887 et le quatorzième de notre règne.

Kalakaua.

Du côté des Tonga les choses n'ont point marché aussi bien. Là, règne un vieillard de quatre-vingt-dix ans, le roi Georges, un roi à peu près constitutionnel, s'il vous plaît, dont le Premier, un ex-missionnaire anglais, exerce en réalité le pouvoir absolu avec les titres de Ministre des Affaires étrangères, Ministre des Terres, Ministre de l'Education et Auditeur général. L'idée de la fédération ne sourit guère plus au roi Georges qu'au missionnaire homme d'Etat dont il n'est que l'instrument. Il paraît que la gestion de Baker laissait quelque peu à désirer, car le parlement tongien a ouvert une enquête sur ses actes. Tout ayant été trouvé en ordre, le Premier a repris ses titres et ses fonctions et c'est lui qui a suggéré au roi Georges de revendiquer, en sa qualité de Nestor des Rois de l'Océanie, le premier rang dans la fédération projetée ou sinon de décliner les ouvertures de Kalakaua. Depuis la révolution a éclaté aux Sandwich, les Allemands se sont établis pour tout de bon aux Samoa, et il n'est plus guère question de cette invention américaine.

Quoi qu'il en soit de l'avenir réservé aux Etats-Unis d'Océanie, on saisit bien sur le fait la concurrence politique et commerciale des Anglais, des Américains et des Allemands. Les îles Fidji, colonie de la couronne, sont une carte de plus dans le jeu britannique. Par contre, les missionnaires catholiques disséminés dans les archipels y servent l'influence française mais sans rien faire, hélas ! qui puisse ouvertement contribuer au développement de notre commerce. La question reste donc posée entre les États-Unis, l'Angleterre et l'Allemagne.....

Considérons pourtant la carte. La Nouvelle-Calédonie, les îles Wallis, l'archipel de Cook, les îles de la Société, les Marquises, les Tuamotu, les Gambier, Tubuai, Raivavae et Rapa, ne pourraient-ils pas constituer à l'avenir une seule et même colonie, l'Océanie française, dont les intérêts se confondraient sans se contrarier? Et le premier élément du problème du service postal n'est-il pas la constitution de cette fédération, de ces États-Unis français de l'Océanie! Une subvention de deux cent mille francs suffirait pour relier Tahiti à Nouméa. La Nouvelle-Calédonie donnerait cinquante mille francs, Tahiti autant, et la Métropole ferait le reste. Puis viendrait le jour attendu où, le canal de Panama creusé, une ligne plus directe relierait les deux colonies à la Mère-Patrie. Cette éventualité est prévue dans le nouveau cahier des charges de la Compagnie des Messageries maritimes. On y voit, en effet, figurer une clause aux termes de laquelle cette compagnie est tenue de subir la concurrence de toute ligne que le gouvernement français viendrait à créer sur l'Australie ou la Nouvelle-Calédonie par une autre voie que celle de Suez. Comme il ne peut s'agir du cap Horn ou du cap de Bonne-Espérance, il faut voir là un jalon posé pour la ligne de Saint-

Nazaire, Panama, Tahiti, Nouméa, Sidney.

L'idée de grouper sous une autorité unique et fédérale en quelque sorte toutes les possessions françaises en Océanie ne m'appartient pas en propre. Je suis bien tenté d'y souscrire, pour ma part. Il me semble que tout le monde y gagnerait, Tahiti qui ne serait plus négligé, la Calédonie dont les produits auraient des débouchés, la France qui verrait son prestige colonial s'accroître de la constitution d'un domaine plus étendu et plus dense. Qui sait ? On pourrait peut-être réaliser quelques économies par ce moyen.

L'essentiel, on ne saurait trop y insister, est de mettre Tahiti en communication régulière et rapide avec la France.

Voici une note où l'état de la question est exposé avec une clarté relative :

LE SERVICE POSTAL FRANÇAIS EN OCÉANIE

On reconnaît de tous les côtés qu'il importe au développement agricole et commercial des Etablissements français de l'Océanie orientale d'assurer d'une façon normale et régulière leurs communications postales avec la métropole. Le Département de la Marine et des Colonies n'a cessé de se préoccuper de cette question dans la persuasion où l'on est que, du jour où elle sera en relations relativement directes et rapides avec la France, la situation économique si précaire de la colonie en sera sensiblement modifiée.

Les voies actuelles.

Actuellement on se rend à Tahiti par deux voies.

1° *En passant par l'Amérique.* (Quarante-cinq jours).

Cette ligne emploie :

(*a*) Les paquebots de la Cⁱᵉ Transatlantique du Havre à New-York . . . . 9 jours.

(*b*) Le chemin de fer du Pacifique de New-York à San-Francisco . . . . 6 jours.

(*c*) Une goëlette subventionnée de San-Francisco à Papeete en passant par Taio-hae (Nuka-Hiva), en moyenne. . . . . 30 jours.

Remarque. Cette goëlette est subventionnée au moyen des fonds mis à la disposition du Service local par le Département (Chapitre XV. Service commun des Colonies).

Par lettre en date du 12 mai 1882, le Ministre informe le Gouverneur qu'une somme de 80.000 fr. est attribuée à la Colonie en vue de subventionner un service maritime *à vapeur*. L'un des navires de la station locale ayant été supprimé, cette subvention intervient comme une compensation.

2° *En passant par l'Australie et la Nouvelle Calédonie.* (Soixante-trois jours.)

Cette ligne emploie :

(*a*) Les paquebots des Messageries maritimes de Marseille à Nouméa. . . . . 48 jours.

(*b*) L'aviso-transport de l'Etat, de Nouméa à Papeete, environ. . . . . 15 jours

On ne peut parler que pour mémoire du service des transports de l'État, exclusivement affectés aux troupes et dont les voyages intermittents ne sont d'aucune utilité à la colonisation. La nécessité de recourir à un bâtiment de la flotte nationale met une entrave réelle à l'introduction des colons car ce n'est qu'à titre exceptionnel et dans des conditions peu favorables que les immigrants peuvent être pris à bord d'un navire de guerre.

Le service subventionné.

On a vu sur quels fonds est prélevée la subvention allouée aux goëlettes qui font le service entre San-Francisco et Papeete. Ce service se fait dans les conditions suivantes :

Un départ par mois de San-Francisco, le 1ᵉʳ du mois, et de Papeete du 12 au 15 du mois.

La subvention annuelle est de 75.000 fr., payables en 12 termes mensuels. L'adjudication faite en 1884 a eu pour résultat de confier ce service pour trois ans à trois maisons étrangères :

La maison Turner and Chapman, propriétaire du *Tahiti* (Américains).

La maison Crawford, propriétaire du *Tropic Bird* (Américains).

La maison Darsie, propriétaire du *City of Papeete* (Anglais).

Le contrat expirait le 30 juin 1887. Dans sa session de janvier, le Conseil général a considéré que les raisons qui dans le principe avaient motivé l'allocation d'une subvention à une ligne sur San-Francisco avaient perdu de leur force. Les concessionnaires du service étant contraints par les nécessités de leur commerce de faire ces voyages mensuels, il paraissait possible d'obtenir qu'ils continuassent à se charger du courrier, sinon gratuitement, du moins avec une subvention beaucoup moindre. L'administration n'a pas plus adhéré à cette doctrine qu'elle ne l'a combattue. Elle s'est bornée à faire des réserves en ce qui regarde le trouble que son application pouvait apporter dans la transmission de la correspondance officielle. Elle a été invitée à s'entendre avec tout armateur qui soit à San-Francisco soit à Papeete, consentirait à prendre la poste à raison de 2.500 francs par voyage, aller et retour, si le navire était à voile, et de 3.000 francs s'il était à vapeur. L'administration avait pour devoir de se conformer aux vues de l'assemblée : elle a fait annoncer, en Europe, en Amérique et en Océanie, une adjudication qui a donné lieu à un procès-verbal de carence. Cependant on a obtenu, en négociant à Papeete, le transport de deux courriers aux conditions nouvelles. Informé des préoccupations de l'administration, le Département a, par dépêche, donné l'ordre de « maintenir le service actuel ». Sur la foi de cette dépêche, ultérieurement confirmée, le Consul de France à San-Francisco et le Gouverneur de la Colonie ont traité avec les anciens adjudicataires et le service s'est continué aux mêmes conditions, avec cette différence qu'il n'a pas été pris d'engagement à long terme.

Le Conseil général s'est fondé sur la légitime intervention du Département pour éliminer du budget local et la recette de 80.000 francs figurant au titre des subventions et la dépense du service postal international inscrite pour 75.000 francs, laissant ainsi à l'Administration l'entière responsabilité d'assurer les relations postales de la Colonie avec la Métropole.

La question du transport du courrier dans les conditions les meilleures et les moins onéreuses est donc toujours posée.

LES SOLUTIONS

Plusieurs solutions sont en présence.

A

Ligne de la Nouvelle-Calédonie.

Il y a un triple intérêt, moral, commercial et politique, à relier le plus étroitement possible les colonies françaises de l'Océanie entre elles. L'Administration locale et le Conseil général sont d'accord sur ce point et des ouvertures catégoriques ont dû être faites à Nouméa. La Calédonie pourrait approvisionner Tahiti de viande vivante ou conservée. En outre, un courant d'émigration s'établirait le jour où le transport des colons serait assuré par une voie à peu près directe. On a eu l'occasion d'entretenir de cette question M. de J., inspecteur des Messageries maritimes, et M. P., membre du Conseil privé, armateur et commissionnaire à Nouméa. M. P. est déjà concessionnaire d'un service subventionné en Nouvelle-Calédonie. Il est disposé à tenter de créer le service entre Papeete et Nouméa si les deux colonies et la Mère-Patrie veulent s'entendre pour contribuer à le subventionner. A titre de document, il faut mentionner ici cette opinion, en faveur au Conseil général de Tahiti, que la création du service dont il s'agit dispenserait l'Etat de l'entretien onéreux d'un aviso-transport et que l'économie réalisée de ce chef pourrait être en partie affectée au relèvement de la subvention postale. On peut rappeler, à ce sujet, le précédent de 1882.

Quant à M. de J., il ne croit pas que les Messageries maritimes puissent jamais entreprendre ce service et ne paraît pas autrement préoccupé de la perspective de voir une Compagnie rivale accaparer le trafic par l'isthme de Panama dont le percement est encore une question d'avenir. A plus forte raison écarte-t-il l'hypothèse chère à certains commerçants de Tahiti d'un prolongement de la ligne des Messageries jusqu'à San-Francisco avec escale à Tahiti.

B

Ligne de la Nouvelle-Zélande.

Depuis deux ans, une maison d'Auckland (Donald et Edenborough) entretient un vapeur, primitivement le *Janet Nicoll*, aujourd'hui le *Richmond*, qui apporte à Papeete les légumes, les conserves, les bœufs, les chevaux et divers objets manufacturés de provenance néo-zélandaise ou anglaise. L'objectif de cette maison, autrefois subventionnée par le gouvernement d'Auckland, est de supplanter les maisons américaines, anglaises ou allemandes dans l'approvisionnement de Tahiti et de ses dépendances. Elle a un comptoir à Papeete et un autre à Raiatea (Iles sous le Vent).

Des pourparlers engagés il résulte que moyennant une subvention de 3 000 francs par voyage, aller et retour, le *Richmond*, toucherait non pas tous les mois mais tous les 32 jours à Papeete. Ce délai serait nécessité par les escales des Tonga et des Samoa, sans parler de Rorotonga (Archipel Cook). D'Auckland on irait retrouver à Sidney le paquebot des Messageries maritimes. D'autre part, la maison Donald et Edenborough, ayant un comptoir à Sidney, accepte en principe de se charger du transport des colis postaux à destination de Tahiti. Sur la proposition de l'Administration, le Conseil général a exonéré de tous droits de port et de quai le *Richmond* qui, dans le cours de l'année 1886, a exporté de Tahiti pour plus de 100 000 francs de produits naturels, oranges, coprah, etc.

C

Ligne d'Honolulu-San-Francisco.

Il est vraisemblable qu'à moins d'une subvention élevée on ne pourra pas de longtemps établir un service à vapeur de San-Francisco à Papeete. Cette ligne, il est utile de le dire, a les préférences du commerce d'importation à Tahiti qui se pourvoit en Amérique de denrées et de marchandises de second ordre. Il serait moins difficile peut-être de créer une ligne de Papeete à Honolulu (Archipel Sandwich). Cette idée a été suggérée indirectement à M. Spreckels, l'armateur bien connu de San-Francisco, qui est à la tête de la ligne de San-Francisco à Sidney et de plusieurs autres. De Papeete à Honolulu, la durée du voyage est de huit jours; il faut compter huit autres jours d'Honolulu à San-Francisco. Or, présentement, la durée moyenne du voyage de Papeete à San-Francisco est de trente jours. On gagnerait donc deux semaines avec un service qui pourrait fonctionner sur des bases moins coûteuses que celles d'un service direct sur San-Francisco. Ce port est en relation hebdomadaire avec Honolulu.

D

Ligne de Panama.

Le Gouverneur de la Colonie a vivement préconisé à plusieurs reprises la ligne de Panama. Le service serait fait de Saint-Nazaire à Colon par les paquebots de la Compagnie transatlantique. Provisoirement, jusqu'au percement définitif de l'isthme, les passagers et les marchandises seraient transbordés par le chemin de fer de Colon à Panama, et une ligne subventionnée de Panama à Papeete assurerait dès à présent à la Colonie le bénéfice de la nouvelle voie. Le Conseil général a émis en ce sens un vœu un peu vague dans sa forme, vœu auquel il a donné pour corollaire l'invitation adressée au Département de prémunir Tahiti contre l'invasion de la fièvre jaune au moyen de l'établissement d'un lazaret et des mesures sanitaires accessoires.

XX

Un jugement du conseil de district. — L'enfant de la nature. — Aux Iles sous le Vent. — Une révolution. — Un ministre féminin. — Raiatea aux Français.

J'ai vu le conseil de district, les topae, les cinq, juger une affaire de terre. C'était à Papara, en plein air, sous le soleil ardent. La route court entre la mer et les monts: ceux-ci majestueux et paisibles, enveloppés de nuées, couronnés d'ombre; celle-là écumante, désordonnée en ses fureurs jamais apaisées. Point de brise ou si peu! Bien qu'il fût à peine dix heures, l'atmosphère était comme embrasée. Les êtres et les plantes pliaient, conviés au sommeil par cette température invariable qui fait bouillir la sève et le sang, provoquant les étreintes passionnées et les lassitudes mornes, les poussées de vie et les engourdissements pensifs ou non.

Devant une case des groupes étaient formés, deux camps d'hommes et de femmes, assis ou plutôt accroupis en un cercle élargi qui touchait à la route. Quatre ou cinq personnages se tenaient à l'écart, regardant, écoutant, dans l'attitude grave et recueillie des juges, des arbitres, le front soucieux, l'esprit tendu. Les topae avaient convoqué les deux parties en procès et celles-ci avaient amené leurs témoins, des fétii pour la plupart. Debout, le plaideur et la plaideuse argumentaient à tour de rôle, évoquant la tradition, le souvenir des anciens, des morts, avec des gestes amples ou violents, interpellant les témoins qui se taisaient jusqu'à ce que l'un des juges les eût conviés à parler, à dire ce qu'ils savaient.

Le litige était malaisé à régler, obscur, douteux, et il aurait été de mise, l'axiome anglais : « Ce qu'il y a de plus certain dans un procès c'est son incertitude ». Il n'importe ! Avec une patience admirable les topae laissaient dire, imperturbables dans leur sérénité de sphinx, ne bougeant pas plus sur leurs talons que les ancêtres de Tati dans leur caverne funéraire cachée au flanc du roc, de l'autre côté de la route. Les témoins prenaient ensuite la parole.

Ils savaient, ils croyaient, ils avaient entendu dire... Quelques-uns mêlaient à leurs assertions des bribes de légendes où se retrouvaient les noms des guerriers plus grands que les hommes.

Puis les juges se concertèrent et la sentence fut rendue. Equitable ou non, elle devait être portée devant les tohitu, les magistrats d'appel, à Papeete, la partie qui succombe ne renonçant jamais à ses droits prétendus ou fondés. Je dois faire ici un *meâ culpâ*. J'ai quelquefois médit des juridictions indigènes que l'on a voulu supprimer à la faveur d'un compromis. C'est un penchant assez commun de vouloir substituer partout le code civil aux lois et aux coutumes des pays colonisés. Tout n'est cependant pas arbitraire ou corruption dans la distribution de la justice tahitienne. Ce sont des magistrats élus qui la rendent, et non sans une certaine solennité, au pied d'un cocotier avare d'ombre. En définitive, le Tahitien est jugé par ses pairs. Et seuls des magistrats tahitiens peuvent s'y reconnaître au milieu de ces conflits si fréquents de la propriété foncière, de ce qu'on a justement appelé « la confusion dans l'indivision », chaque parcelle étant revendiquée souvent par quatre ou cinq familles enchevêtrées dans une parenté naturelle, légitime ou d'adoption, plus ou moins aisée à établir et à prouver.

Notre erreur vient de l'excellente opinion que nous avons de nous-mêmes, de notre injustice habituelle à l'égard du prochain, de notre infatuation d'Européens, de civilisés, de nos orgueilleux préjugés qui nous font dénier toute vertu, toute force morale, même tout sentiment affectif, à ces peuples dénommés sauvages. C'est bientôt fait de les ravaler, de leur refuser la pensée et le sentiment, l'intelligence, pour ne leur laisser que l'instinct irréfléchi et grossier. On ne se donne guère la peine d'étudier de près ces êtres à qui l'on assigne un rang inférieur dans la généalogie scientifique de l'humanité. On ne fait pas un effort pour les pénétrer ou les deviner. On ne sait ni les aimer ni les protéger. Les plus bienveillants disent que ce sont des enfants, de grands enfants, mais ils ne les laissent pas venir à eux. Les missionnaires eux-mêmes, la plupart du moins, partis de cette donnée, de ce mépris préconçu, n'arrivent pas à connaître à fond ceux qu'ils catéchisent et leur action est plus souvent extérieure, n'atteignant pas le cœur que le cœur seul peut gagner.

Ce qui me frappe le plus, c'est la bonté du Tahitien et son inaltérable confiance dans le « pâpaa », le blanc, l'étranger. Que de fois pourtant on l'a trompé, déçu, leurré de toutes les façons !

On mêle du poison à tout ce que boit l'indigène et le sang qui coule dans ses veines est vicié. La Nouvelle Cythère est la terre des morts en même temps que le pays des libres amours. J'en ai vu passer cependant, superbes et bien bâtis, grands, robustes, la chair un peu molle des mangeurs de fruits, le visage régulier et noble, le front large, l'œil ouvert et profond, la lèvre bien dessinée, statues de bronze clair dont les belles proportions attestent la supériorité de la race. Ils venaient du féï. Sur leurs épaules nues se balançaient les régimes pesants du bananier sauvage, la nourriture de la semaine. Le pareu noué en caleçon, ils couraient par les sentiers où les fougères arborescentes, les vitiers, les citronniers les orangers faisaient presque la nuit, une nuit tiède et parfumée.

L'enfant de la nature était là chez lui. Une

couronne de datura protégeait sa tête contre les ardeurs du soleil qui se montrait dans les éclaircies rares de la brousse. Fatigué, il s'arrêtait, puisait dans le creux de sa main un peu d'eau pure au ruisseau courant sous les herbes et reprenait sa marche, toujours insouciant.

A quoi pensait-il? Certains diront : « Pensait-il? » Les idées qui pouvaient naître et se former dans cette tête n'étaient sans doute pas les idées compliquées de névrose des « civilisés », s'alambiquant la cervelle, s'appauvrissant à force d'analyse, se desséchant dans une psychologie maladive. J'imagine et j'ai cru comprendre que le Tahitien est plus près de la terre et du ciel que nous, et que son âme est ouverte à des sensations ou à des sentiments vagues que nous ne connaissons ou ne goûtons plus. Il vit d'une autre manière et mieux que nous, moralement parlant. Naïf même en ses ruses, en ses détours plutôt, détours permis à qui se sent faible et nu, il jouit sans définir la jouissance, il aime sans disserter sur l'amour. Plus abondante et plus riche est la sève dont il se nourrit. A nos palais blasés il faut d'autres liqueurs et d'autres ivresses que celles qui se puisent au creux des rochers.

Le Tahitien pense. Il aime et il chante, car il est poète, vraiment poète. Sa chanson pauvrement rythmée est l'appel au plaisir ou à la prière. Dans sa monotonie même, elle a quelque chose de primitif et de spontané et de si différent de notre art et de nos mensonges qu'on s'y laisse prendre assez vite, lassé qu'on est à la fin de ce siècle des formes travaillées à l'excès sous lesquelles se dérobent de si pauvres et si vieilles idées.

Mais il nous plaît de voir des sauvages dans ces hommes qui se nourrissent et s'habillent, quand ils s'habillent, autrement que nous. Il nous faut de la couleur locale. Ce que nous appelons ainsi n'est peut-être au fond que l'étonnement de notre ignorance, mais cela nous distrait et nous amuse de décrier des mœurs et des usages que nous ne comprenons pas. Puis cela nous venge des dédains des Chinois pour qui les occidentaux sont des barbares.

Des sauvages! En est-il encore ? Les maisons de vêtements tout faits ont des succursales dans tous les pays du monde. A Papeete même, on s'habille, on se nourrit, on se désaltère, on se débauche, à l'instar de telle bourgade de notre Midi exubérant. Et la couleur locale dont notre littérature de sédentaires aurait tant besoin ne se trouve plus que dans les districts perdus de Tahiti ou des Iles sous le Vent.

Les Iles sous le Vent occupent une place assez grande dans les préoccupations des Français de l'Océanie. Maintenant cette question est réglée et notre drapeau flotte enfin sans conteste sur les îles de Raiatea, de Huahine et de Bora-Bora. On peut bien avouer que, quarante ans durant, nous avons eu de ce côté la situation la plus bizarre, la plus incompréhensible. Par la convention de 1847, la France et l'Angleterre s'étaient mutuellement engagées à ne pas occuper ces îlots ; mais, depuis 1881, par permission des Anglais, nous exercions ou plutôt nous n'exercions pas un protectorat aussi nominal que provisoire, renouvelable tous les trois mois. L'Amiral commandant la division navale du Pacifique et le Gouverneur des Etablissements français de l'Océanie étaient sur les dents. Ils veillaient, l'un et l'autre, et surveillaient jalousement ces petites terres convoitées par les Allemands en quête de colonies. Les bâtiments de la division et ceux de la station locale se promenaient incessamment de Tahiti à Raiatea et de Raiatea à Tahiti, avec escales à Huahine et autres lieux. Et les deux ou trois mille indigènes répandus sur ces îles assez peu intéressantes par elles-mêmes en venaient à se moquer légèrement de ces déploiements de forces exagérés encore que nécessaires.

C'est fini et il était temps. A la longue, l'anarchie s'était mise dans les minuscules royautés des Iles sous le Vent et l'on allait voir se rallumer, pour un peu, les anciennes guerres civiles de vallée à vallée, de baie à baie. L'autorité des chefs était méconnue et les volontés du peuple n'étaient plus obéies. De jour en jour, on espérait l'arrivée d'un résident français; mais, en attendant, on conspirait, on se chamaillait. Des factions nettement accusées se formaient qui s'accusaient les unes les autres de manquer de patriotisme et de livrer le pays à l'étranger.

Un incident mit le feu aux poudres. Le 14 juillet, quatre à cinq cents habitants des Iles sous le Vent se trouvaient à Tahiti où ils étaient venus prendre part aux réjouissances de la fête nationale. Les jolies filles de Raiatea et leurs *tané* ne laissent jamais échapper l'occasion de s'embarquer pour Papeete où ils se livrent sans contrainte à leur penchant pour le plaisir. Le pilote de Raiatea et sa fille étaient au nombre des touristes qui furent logés et nourris aux frais du gouvernement pendant cinq jours.

Peu (Péou) est de nos amis. C'est de son adresse que dépend la sécurité de nos navires en ces parages. Ses fonctions maritimes le mettent en rapport avec les officiers de vaisseau, en font un personnage officiel, et lui donnent une autorité, une importance qu'il est naturellement enclin à exagérer. Le 14 juillet, le matin, sous l'influence de libations défendues par les lois pieuses de Raiatea mais tolérées par les lois plus faciles de France, Peu interpella publiquement, sur le quai, le second roi de son île, et s'écria avec une jactance toute bachique : « C'est moi qui suis le roi ! »

Cet essor de vanité eut des conséquences imprévues et déchaîna la révolution. De retour à Raiatea, le pilote fut traduit devant les magistrats pour répondre de ses paroles séditieuses et condamné à l'amende. Il appela à la rescousse le commandant de la goëlette française l'*Aorai*, cria qu'on le persécutait en haine de la France, et fit tant et si bien que l'on s'interposa pour obtenir sa grâce. Une agitation prolongée s'ensuivit. Le roi, l'excellent Tamatoa, perdit la tête et ne la retrouva qu'en se jetant dans les bras du commandant à qui il demanda un résident français pour ramener la paix dans son petit domaine. Là-dessus, il fut décrété de prise de corps comme un simple particulier : il serait mieux de dire comme Charles Ier ou comme Louis XVI.

Le commandant ne pouvait tolérer qu'on emprisonnât un souverain animé de si louables intentions. Il ne fit ni une ni deux, débarqua avec tout son équipage, une dizaine d'hommes, et rendit Tamatoa à la liberté et à ses sujets. Les magistrats ne se tinrent pas pour battus. Ils accusèrent le roi d'avoir trahi son pays et appelèrent le peuple aux armes. L'argent est le nerf de la guerre. A l'instigation de Terahupo, le plus enragé de tous, on fit main basse sur le trésor public, riche à ce moment de quatre cent trente-six francs cinquante, on en fit le partage, et l'on prit le chemin de la brousse, l'insurrection étant le plus saint des devoirs.

Un détail me navre bien qu'il ajoute au piquant de ce scénario d'opérette. Au nombre des insurgés se trouvait le *fateere hau i te fenua rei*, le directeur de l'intérieur ou, pour parler plus exactement, le ministre de l'intérieur de Raiatea, une charmante fille de quinze ans, Témarii vahiné, dont j'avais eu l'honneur de faire la connaissance à Papeete, au bal de l'Amiral, en tout bien tout honneur, je me hâte de l'ajouter. Notre dialogue s'était borné à l'échange de quelques « ia ora na hoé » et de quelques « mé métai roa », c'est-à-dire aux plus vulgaires compliments tahitiens. Ce jeune et très gentil fonctionnaire m'avait intéressé, intrigué comme un domino rencontré au bal masqué. Je savais que peu de semaines auparavant il avait été condamné par les magistrats intègres de Raiatea à deux cent cinquante francs d'amende pour avoir donné à un bel étranger des preuves non équivoques de l'amour le plus passionné. Il n'empêche ! Avec ses grands cheveux noirs si longs et si lisses, son regard brillant, son silence indien en dépit du champagne, Témarii vahiné me changeait des hommes d'Etat laids et grisonnants dont j'ai entendu tant de discours, hélas! Comment ce membre du gouvernement, cette aimable reprise de justice, était-elle passée à l'émeute? On n'a pas su me le dire. Tout ce que j'ai appris, c'est que la pauvre enfant s'était attachée aux pas de l'irréconciliable Terahupo. Celui-ci lui avait sans doute fait accroire que se rendre c'était s'exposer à être pendu.

Mieux informés, la plupart des rebelles, convaincus qu'on ne pendait personne, sont revenus, les uns après les autres, à leurs cases de la plage. On leur a dit que désormais la France était chez elle aux Iles sous le Vent et comme, en dépit de certains négociants anglais, cette race tahitienne n'aime rien tant que les Français, la paix aurait promptement été rétablie dans les cœurs et dans les vallées si Terahupo était revenu à de meilleurs sentiments. Mais quoi, n'ai-je pas avancé que le Tahitien est brave, qu'il est fier et jaloux de son indépendance, qu'on obtient tout de lui par la douceur et rien par la violence? On a tiré le canon pour réduire Terahupo. Tirer le canon à Raiatea! Tamatoa a fait le voyage de Papeete pour implorer de nouveau un résident français, pour demander l'annexion. A cette heure, nous sommes installés aux Iles sous le Vent.

On en aura gémi dans un certain milieu. Il était si conforme à la vanité britannique de persuader les indigènes que les Français ne venaient pas parce qu'ils n'osaient pas, parce que l'Angleterre ne le voulait pas ! C'est d'ailleurs avec un dédain curieux que le marquis de Salisbury s'est expliqué sur l'abrogation de la Convention de 1847 : « Il ne paraît pas désirable au gouvernement de Sa Majesté, a dit le noble lord, ou même praticable de remettre à une administration aborigène des îles qui depuis sept ans sont placées sous le gouvernement de la France... »

XXI

Les lois à Raiatea. — Le rôle des missionnaires anglais. — Pritchard, Shaw, Jones. — Le protestantisme français. — La France en Océanie. — Les Atiu. — Adieu !

L'aspect de Raiatea diffère peu de celui de Tahiti. Huahine et Bora-Bora ont des analogies avec Moorea. Les îles de l'archipel de la Société, les îles sous le vent et les îles du vent, se ressemblent comme des sœurs. Ce sont partout les mêmes monts, les mêmes volcans éteints, les mêmes vallées, les mêmes torrents, la même terre entourée des mêmes récifs. On retrouve partout cette végétation abondante et inutile, encombrante, parasite, qui est l'un des plus sérieux obstacles que puisse rencontrer la culture. Partout croissent le féï et le mayoré, le bananier sauvage, l'arbre à pain et le cocotier. Par endroits on voit un peu de taros, d'ignames, de patates douces, de manioc, mais si peu! L'indigène n'est pas plus travailleur ici que là. C'est pourquoi les filles des Iles sous le Vent connaissent le chemin de la Nouvelle Cythère.

Les lois étaient bien sévères à Raiatea avant l'annexion. Conçues et rédigées à l'instigation des missionnaires, elles avaient un caractère plus religieux que social. Elles prévoyaient et punissaient le péché, le crime devant Dieu, à l'égal du crime ou du délit, le péché devant les hommes. Elles édictaient l'amende, la prison, l'exil, pour des fautes qui dans nos pays échappent à la répression judiciaire si elles n'évitent pas la réprobation morale. Les pénalités rappelaient plus ou moins celles que j'ai vues inscrites dans l'ancien code tahitien contresigné par le vertueux de la Roncière et qui obligeait à se vêtir d'une tapa jaune les filles ou les femmes coupables d'avoir aimé les étrangers. Il était défendu de vendre ou d'acheter et par conséquent de boire de l'alcool. Prescription salutaire, s'il en fut, car c'est de l'alcool que meurent ces peuples si bien doués, si hospitaliers, si bienveillants, mais prescription annulée par une contrebande aussi ingénieuse qu'incessante et à laquelle ne manquaient point les complices. Ah ! Si les lois faisaient les mœurs, il n'y aurait pas de mœurs plus pures que celles de ces îles enchanteresses !

Au nombre des anciennes coutumes tahitiennes conservées à Raiatea, il faut mentionner la fréquence des services religieux. Je débarquais un vendredi, au milieu de la journée, et le temple était plein, aussi plein qu'il aurait pu l'être un dimanche ou un jour de grande fête. Les missionnaires peuvent avoir leurs raisons pour entretenir ce beau zèle, mais peut-il leur échapper que rien n'est plus fait pour conserver l'indigène dans le mépris de tout travail régulier et, par suite, pour retarder la mise en valeur de cette terre féconde aujourd'hui abandonnée à la brousse envahissante ? A Tahiti, on a pu obtenir des pasteurs français qu'ils laissassent insensiblement tomber en désuétude ces réunions de la semaine. Qu'en sera-t-il aux Iles sous le Vent ?

Les missionnaires anglais consentiront-ils à se prêter à une transformation lente mais inévitable des usages religieux ou bien, jaloux de conserver intacte leur action sur les fidèles et peu disposés à seconder les efforts du gouvernement français, s'attacheront-ils à perpétuer un état de choses si contraire à l'essor de ces pays et à leur prospérité?

Il nous faut compter avec les missionnaires anglais, car partout où nous porte notre politique coloniale nous les trouvons devant nous. Ce n'est pas d'aujourd'hui. Avant Jones, le pasteur de Maré (Loyalty), il y a eu Shaw, le missionnaire de Madagascar, et, avant Shaw, il y avait eu Pritchard. Il n'est que trop avéré que ces évangélistes sont en même temps les pionniers du christianisme et de la civilisation, et les avant-courriers du commerce et de la domination britanniques. Il faut ici un *distinguo*. Ce n'est pas personnellement peut-être que le missionnaire anglais joue ce rôle, mais quand on se rend compte des conditions dans lesquelles il s'installe en ces pays lointains, on voit bien vite que les choses ne sauraient aller autrement.

Le missionnaire anglais est toujours marié, quelquefois père de famille et d'une famille nombreuse. Sa tâche consiste tout d'abord à amener le « sauvage » à un certain nombre de notions élémentaires de religion et de morale au premier rang desquelles figure la nécessité du vêtement. Il prêche la décence et son beau-frère, son fils ou son gendre la vend sous la forme de ces cotonnades aux couleurs éclatantes dont Manchester inonde l'univers. Le commerce suit la religion et la politique intervient pour protéger le commerce. Dans la famille même du missionnaire l'Angleterre se choisit un consul. Et maintenant viennent les autres nations ! Viennent les Français, par exemple, et viennent avec eux les lazaristes, les maristes et autres congrégations catholiques dont les membres voués au célibat ont infiniment plus de peine à se fondre avec les indigènes que les missionnaires protestants assez enclins à épouser les filles du pays !

Il ne sert à rien de s'indigner quand il ne s'agit que des missionnaires anglais. Le malheur est que l'esprit de parti ou l'esprit de secte, pire que l'esprit de parti, a mêlé les missionnaires français à la querelle nationale, et que le protestantisme de notre pays a été frappé de la plus injuste et de la plus offensante des suspicions. Je me suis assez librement exprimé sur le compte des agents de la

Société des Missions de Londres pour être cru quand je dirai, fort de mes informations personnelles, qu'il n'existe pas et ne saurait exister de solidarité politique entre les missionnaires protestants de l'une et de l'autre nation. Où irions-nous si, dans ces jours troublés, alors que la France a besoin de tous ses enfants, on allait mettre en doute le patriotisme de ceux des Français qui professent ou ne professent pas telle ou telle opinion philosophique, telle ou telle croyance ayant des adhérents en d'autres pays ?

A propos de Madagascar où s'affermit si heureusement à cette heure l'autorité de la France, deux écrivains protestants ont eu une parole malheureuse, mais il serait cruellement injuste de la faire expier à ceux qui l'ont tout les premiers réprouvée et condamnée. Ainsi s'expriment les hommes les plus honorables, qui sont le mieux qualifiés pour parler au nom du protestantisme français et que préoccupe à bon droit une campagne énergique entreprise à ce sujet par M. de Mahy, le député de Bourbon.

Il est fâcheux que les incidents récents des Loyalty et des Nouvelles-Hébrides n'aient pas été mis à profit pour séparer nettement les deux causes. La violence du préjugé dont souffrent de très bons Français est telle aux colonies qu'on ne peut se l'imaginer. Comme il arrive aux plus honnêtes gens, les protestants ont les apparences contre eux et ces apparences sont adroitement exploitées. Ne va-t-on pas jusqu'à dire qu'il existe comme une autre Compagnie de Jésus sous les couleurs du calvinisme, une association internationale et secrète dont font partie tous les protestants fidèles ? Ici la calomnie touche à la sottise, mais elle n'en fait pas moins son chemin !

Il faut espérer qu'à Raiatea on saura suivre une politique habile, éliminer cet élément des missionnaires anglais à qui l'on devra substituer des pasteurs français, et se garder de toute entreprise, même la plus pacifique d'allure, contre la foi des indigènes. Il importe vraiment bien peu que ces pauvres gens se convertissent ou non au catholicisme, et que gagnerait la France dans l'affirmative ? Il faudra donc que les missionnaires français de Tahiti s'attachent à supplanter leurs coreligionnaires des Iles sous le Vent, s'ils ne veulent pas donner un prétexte de plus aux adversaires de leur culte.

La France ne retirera aucun avantage matériel de la prise de possession des Iles sous le Vent, mais sa situation morale dans le Pacifique en sera de beaucoup améliorée. Elle est désormais maîtresse chez elle dans le vaste espace qui va des îles Marquises à Rapa et des Gambier aux îles de la Société. Demain, sans doute, les îles de l'archipel Cook, Rorotonga, Atiu, Mangia, arboreront à leur tour le drapeau tricolore et nous aurons, en y comprenant l'île Wallis, un beau domaine maritime où les abris ne manqueront pas à notre flotte.

Il est une autre considération qui a son importance. De tout temps, la contrebande des Gambier et des Tuamotu a trouvé asile dans les ports des Iles sous le Vent. C'est à Raiatea et à Huahine que l'on venait déposer les cargaisons de nacres pêchées contrairement aux règlements. La surveillance impossible autrefois s'exercera sans peine maintenant sur ces îlots devenus français. Et la contrebande prévenue, réprimée, c'est une source de richesse qui se rouvre pour nos Etablissements français de l'Océanie.

On peut appliquer aux habitants des îles de l'archipel Cook ce que j'ai dit de la sympathie innée de ceux de Tahiti et de Raiatea pour les Français. J'allais souvent à Patutoa, un faubourg de Papeete, où les indigènes de l'île Atiu, des colons à leur manière, ont établi leurs cases. Celles-ci sont moins grandes et, j'en dois convenir, moins propres et moins bien tenues que les cases des Tahitiens. Pourtant les Atioux sont plus laborieux et gagnent quelque argent en s'employant au déchargement des navires.

Au départ de mon ami M. Caillet, ils m'avaient amicalement conféré la direction honoraire de leur *himéné*. J'en étais quitte pour leur offrir de temps à autre quelques tasses de thé et pour l'obligation d'assister à des amuramaa, des banquets interminables toujours funestes à mon estomac. Ce sont là des détails. Un lien affectueux s'était promptement formé entre moi et le digne pasteur de Patutoa. L'*orometua* Tamahiné me témoignait une amitié qui me touchait vraiment et dont je reçus des preuves quelques jours avant mon départ.

L'himéné était réuni. Hommes et femmes se tenaient accroupis sur le sol de la case consacrée. Après les chants et la prière, Tamahiné étendit par terre une large natte sur laquelle, les uns après les autres, mes amis vinrent déposer de menus objets, de la paille toute tressée pour faire des chapeaux, etc. Avec le concours de Térano, Tamahiné avait édifié une petite case en tout pareille à celle où l'himéné était rassemblé. Puis ce furent les souhaits, les paroles d'adieu très brèves mais empreintes de la plus profonde cordialité. Je répondis de mon mieux, moitié en tahitien, moitié en français. J'étais ému aux larmes.

— Que le Seigneur te conduise sur la mer, toi et les tiens! dit Tamahiné. Qu'il te ramène bientôt parmi nous !

Je partis, ignorant si je quittais pour quelques mois ou pour toujours le beau pays dont on dit tant de choses qui ne sont pas toutes vraies, le Paradis terrestre des midships, la Nouvelle Cythère.

Et voici qu'au milieu de mes notes je tombe sur les vers imprimés à peu d'exemplaires heureusement, qu'un devancier de Pierre Loti dédiait jadis à Tahiti, et qui se terminaient par cette strophe bizarre :

Dédaignez, fiers oisifs, la douceur mensongère
Du bien-être trompeur par l'Europe importé;
Mangez votre féï que l'île votre mère
Donne sans exiger ni travail ni salaire,
    C'est le pain de la liberté!

L'auteur de cette poésie a fait son chemin. Il possède aujourd'hui l'un des grades les plus élevés de la marine française et fait toujours des vers!...

Ia ora na, Tahiti!

Adieu la Nouvelle Cythère!

XXII

CONCLUSION

Il est temps de conclure. Après avoir vu la Nouvelle Cythère en touriste désenchanté, j'ai fait, un peu par procuration, il est temps de l'avouer, le voyage des Gambier et des Tuamotu. J'ai tenté de décrire, après beaucoup d'autres, ces terres lointaines et les mœurs de ces peuples encore enfants. J'y ai peut-être mis de la passion par endroits. L'impartialité est la vertu des neutres: je ne me flatte pas d'être impartial. Il me suffit d'avoir été sincère, je n'ose dire véridique. Je laisse à de plus présomptueux la prétention de pénétrer les ressorts intellectuels et moraux d'une race si différente de la nôtre. Que je l'aie étudié dans le passé ou dans le présent, le peuple tahitien m'a inspiré, une fois ma curiosité satisfaite, un grand et profond intérêt;

j'ajouterai de l'estime et de l'affection. Est-ce parce que j'ai retrouvé dans son goût pour les fêtes et pour les discours au moins deux de nos travers athéniens ? N'est-ce pas aussi parce que ces Français d'hier ont pour la France un si vif amour ?

Je quitte ce pays hospitalier en faisant pour son avenir des vœux ardents. Je le souhaite couvert de routes et d'écoles, guéri de ces deux plaies de l'alcoolisme et de la prostitution qui tuent ses enfants, s'ouvrant au travail libre et spontané, retrouvant avec des institutions communales le goût de la vie publique, et s'enrichissant, non selon la formule égoïste et bourgeoise d'un Guizot, mais selon la donnée humaine et philosophique où les intérêts privés et généraux se confondent avec les lois morales.

Je ne m'imagine pas que demain Tahiti s'assimilera notre civilisation, ses splendeurs et ses raffinements; je n'ambitionne même pas un résultat qui s'achèterait au prix de la perte de sérieuses qualités natives. Je ne suis pas plus épris, je le concède, de la culture excessive qui mène à la névrose, que de l'état de nature où l'homme est semblable à la bête.

Ceci est l'œuvre du temps. J'ai trop le respect de l'âme et de l'esprit pour vouloir qu'on entreprenne une expérience qui ne pourrait être que funeste, car elle se tenterait en dehors des conditions normales de l'évolution et de la liberté.

Je n'ai pas tout dit sur la Nouvelle Cythère. Quelque effort que j'aie fait pour ne laisser dans l'ombre aucun trait intéressant, aucune particularité digne de remarque, il reste plus d'un livre à écrire après celui-ci. On n'en publiera point, je pense, de plus dégagé des préoccupations de secte.

Quelques jours avant mon départ de France, Pierre Loti me faisait donner par un ami commun ce conseil. « Aimez les Tahitiens ! » L'accueil que nous avons reçu, la très chère compagne de ma vie et moi, m'a rendu aisé ce simple devoir. Aussi est-ce à ses fétii que Teraï Tua dédie affectueusement ces quelques pages.

FIN

TABLE DES MATIÈRES

CHAPITRE PREMIER

Pages.

En route pour la Nouvelle Cythère. — A bord du *Saint-Laurent*. — La tempête, les icebergs et la brume. — Le pilote, rien de Fenimore Cooper. — Réminiscence de l'*Oncle Sam*. — La vérité sur New-York ou l'imposture démasquée. — A travers l'Amérique. — Les derniers des Mohicans. — San-Francisco.. 1

CHAPITRE II

De San-Francisco à Papeete. — Le père Tropique. — Aux Marquises. — La lèpre. — Au pays de la nacre et des perles................................. 15

CHAPITRE III

Diderot et Pierre Loti. — Papeete. — Le paysage. — Moorea. — Tahitiens et Tahitiennes. — Mœurs et coutumes. 34

CHAPITRE IV

La frénésie de l'amour. — La fanfare locale. — L'upa-upa. — Quelques traits de mœurs. — Le

TABLE DES MATIÈRES

Pages.

Divorce de Loti. — Le demi-monde à Papeete. — La retraite. — La vahiné au bain.................. 43

CHAPITRE V

A Papenoo. — Archéologie polynésienne. — Les croyances d'autrefois. — Les revenants. — Un peu de poésie. — Refrains guerriers.................. 57

CHAPITRE VI

Intrigues de cour. — Il était une fois un roi et une reine... — Un déjeuner chez Sa Majesté Pomaré V... 76

CHAPITRE VII

La vie à Papeete. — Comment on y mange. — Colons, fonctionnaires, marins et soldats. — L'amiral Marcq de Saint-Hilaire. — Bals et soirées. — Effet de lune. — Inquiétudes patriotiques. — Le tour du Bois. — Le Sémaphore.................. 89

CHAPITRE VIII

La politique à Papeete. — La presse. — L'annexion et les réserves. — M. Caillet. — Défenseurs et débitants. — La politique étrangère. — Le délégué de Tahiti et le suffrage universel......... 107

CHAPITRE IX

Une noce dans le district. — Abondance de pseudonymes. — La famille à Tahiti. — De la virginité. — Les enfants, les femmes, les vieillards et les morts.................................... 125

CHAPITRE X

Les mœurs religieuses. — La longue-veille du 31 décembre. — On demande un effet de neige. — Organisation du culte protestant. — Le jour du Seigneur. — Le culte de famille. — Pasteur et Tuhua. — En tournée.......................... 143

CHAPITRE XI

La littérature tahitienne. — La légende et la poésie. — La corde à nœuds. — La justice du Roi. — L'homme de bien. — La Colère. — Imprécations. — La Douleur. — Le Désir. — La Guerre. 160

CHAPITRE XII

Les Arioi. — Leur légende. — Histoire de cinq petits cochons. — Le Roi, les Gros-Ventres. — Les Arioi et les pêcheurs........................... 173

CHAPITRE XIII

Le mariage de Roti. — La naissance des étoiles. — La vengeance de Tetohu, prêtre de Nuurua. — Ressouvenirs antiques. — Encore les Arioi. — Tout à l'amour. — Les filles laides................ 194

CHAPITRE XIV

Pages.

Le roi en tournée. — L'upa-upa d'autrefois. — Cérémonies funèbres et dansantes. — L'engraissement des enfants. — L'initiation. — Le pêcheur. — Lamentations sur une Femme........ 206

CHAPITRE XV

De Papeete à Mangareva. — Raivavae. — Rikitea. — Un Paraguay océanien................ ... 224

CHAPITRE XVI

La terre et la mer. — Notre-Dame de Rikitea. — La plonge. — Le commerce et la contrebande. — Le Code mangarévien, sa disparition.......... 235

CHAPITRE XVII

Aux Tuamotu. — Fakahina et la Mission. — Fagatau et Napuka. — Les sauvages. — Mœurs politiques. — La pêche et la contrebande........ 256

CHAPITRE XVIII

Parlons d'autre chose. — L'agriculture manque de bras. — Le coton. — La vanille. — Le café. — Le coprah. — Arorai. — Rapanui. — Atioux. La mission Raoul. — Les Chinois. — La Caisse agricole.. 270

CHAPITRE XIX

Le service postal. — Un coup d'œil sur l'Océanie. — La Nouvelle-Zélande. — Les États-Unis d'Océanie. — Anglais, Américains et Allemands. — Une grande colonie française.................. 287

CHAPITRE XX

Un jugement du conseil de district. — L'enfant de la nature. Aux Iles sous le Vent. — Une révolution. — Un ministre féminin.................. 306

CHAPITRE XXI

Les lois à Raiatea. — Le rôle des missionnaires anglais. — Pritchard, Shaw, Jones. — Le protestantisme français. — La France en Océanie. — Les Atioux. — Adieu !.................. 320

CHAPITRE XXII

Conclusion 331

FIN DE LA TABLE DES MATIÈRES

ASNIÈRES. IMPRIMERIE LOUIS BOYER ET Cⁱᵉ

Extrait du Catalogue général de la BIBLIOTHÈQUE CHARPENTIER
11, RUE DE GRENELLE, 11, PARIS
à 3 fr. 50 le volume

VOYAGES

THÉOPHILE GAUTIER

Voyage en Russie........	1 vol.	Voyage en Espagne	1 vol.
L'Orient................	2 vol.	Voyage en Italie........	1 vol.

GÉRARD DE NERVAL

Voyage en Orient... 1 vol.

GASTON LEMAY

A bord de la Junon... 1 vol.

KOHN-ABREST

Zigzags en Bulgarie.. 1 vol.

VICTOR FOURNEL

Voyages hors de ma chambre................................. 1 vol.

G. FERRY

Scènes de la vie sauvage au Mexique........................ 1 vol.

BARON ERNOUF (TRADUIT DE L'ALLEMAND)

Du Weser au Zambèze. — Chez les Zoulous................... 1 vol.

JULES ARÈNE

La Chine familière et galante.............................. 1 v.

J. VILBORT

En Kabylie, *Voyage d'une Parisienne au Djurjura*.......... 1 vol.

SIMONIN

A travers les États-Unis...	1 vol.	Le Grand-Ouest des États-Unis.....	1 vol.

THOMAS ANQUETIL

AVENTURES ET CHASSES DANS L'EXTRÊME-ORIENT

Hommes et Bêtes........	1 vol.	Le Sport de l'éléphant......	1 vol.
La Chasse au tigre......			1 vol.

Imprimeries réunies, A, rue Mignon, 2, Paris. — 14035.

www.ingramcontent.com/pod-product-compliance
Lightning Source LLC
Chambersburg PA
CBHW060321170426
43202CB00014B/2619